海外中国研究丛书

刘东 主编

[日] 内藤湖南 著
张真 译

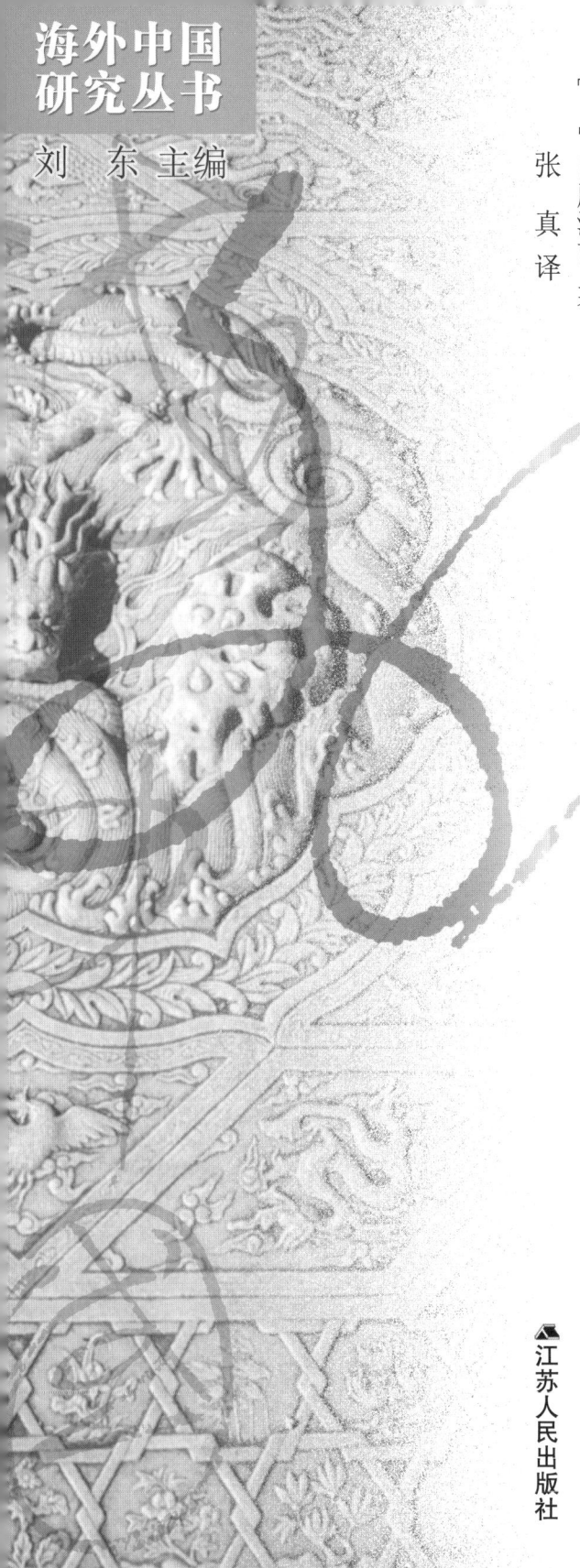

諸葛武侯

诸葛武侯

江苏人民出版社

图书在版编目(CIP)数据

诸葛武侯/(日)内藤湖南著；张真译. -- 南京：
江苏人民出版社,,2019.5(2021.4重印)
(海外中国研究丛书/刘东主编)
ISBN 978-7-214-23287-8

Ⅰ.①诸… Ⅱ.①内… ②张… Ⅲ.①诸葛亮(181—
234)—传记 Ⅳ.①K827＝362

中国版本图书馆 CIP 数据核字(2019)第 046272 号

书　　　名	诸葛武侯
著　　　者	[日]内藤湖南
译　　　者	张　真
责 任 编 辑	卞清波　洪　扬
责 任 校 对	康海源
装 帧 设 计	陈　婕
责 任 监 制	王　娟
出 版 发 行	江苏人民出版社
地　　　址	南京市湖南路 1 号 A 楼,邮编:210009
网　　　址	http://www.jspph.com
照　　　排	江苏凤凰制版有限公司
印　　　刷	江苏凤凰通达印刷有限公司
开　　　本	652 毫米×960 毫米　1/16
印　　　张	11.5　插页 4
字　　　数	149 千字
版　　　次	2019 年 5 月第 1 版
印　　　次	2021 年 4 月第 3 次印刷
标 准 书 号	ISBN 978-7-214-23287-8
定　　　价	42.00 元

(江苏人民出版社图书凡印装错误可向承印厂调换)

序"海外中国研究丛书"

中国曾经遗忘过世界,但世界却并未因此而遗忘中国。令人嗟讶的是,20世纪60年代以后,就在中国越来越闭锁的同时,世界各国的中国研究却得到了越来越富于成果的发展。而到了中国门户重开的今天,这种发展就把国内学界逼到了如此的窘境:我们不仅必须放眼海外去认识世界,还必须放眼海外来重新认识中国;不仅必须向国内读者迻译海外的西学,还必须向他们系统地介绍海外的中学。

这个系列不可避免地会加深我们150年以来一直怀有的危机感和失落感,因为单是它的学术水准也足以提醒我们,中国文明在现时代所面对的绝不再是某个粗蛮不文的、很快就将被自己同化的、马背上的战胜者,而是一个高度发展了的、必将对自己的根本价值取向大大触动的文明。可正因为这样,借别人的眼光去获得自知之明,又正是摆在我们面前的紧迫历史使命,因为只要不跳出自家的文化圈子去透过强烈的反差反观自身,中华文明就找不到进入其现代形态的入口。

当然,既是本着这样的目的,我们就不能只从各家学说中筛选那些我们可以或者乐于接受的东西,否则我们的"筛子"本身就可能使读者失去选择、挑剔和批判的广阔天地。我们的译介毕竟还只是初步的尝试,而我们所努力去做的,毕竟也只是和读者一起去反复思索这些奉献给大家的东西。

刘　东

目　录

译者的话　1

叙　1

引言　1

例言　1

第一章　武侯出生地及其世系　1

第二章　武侯少时及躬耕之时　5

第三章　三顾茅庐定三分　15

第四章　赤壁之战　52

第五章　进据益州　75

第六章　平汉中、失荆州及武侯前半生总论　87

第七章　昭烈正号　107

续篇目次预定　109

诸葛武侯年谱　110

附录 *118*

  内藤湖南的诸葛武侯论/加地伸行 *118*

  内藤湖南/沟上瑛 *126*

译后记 *135*

译者的话

《三国演义》在日本可谓家喻户晓,其受欢迎程度较之中国,或许有过之而无不及。关于《三国演义》在日本的传播与流布情况,已有邱岭、吴芳龄《三国演义在日本》(宁夏人民出版社2006年版)、赵莹《〈三国演义〉在日本的译介与研究》(南开大学出版社2014年版)等专书作了系统的研究和介绍,不必赘述。仅就译本而言,早在元禄二年(1689),日本就有了《三国演义》的第一个日译本,同时也是第一个外译本,从那以后,《三国演义》日译本层出不穷①。对于日本的"三国热",历来都偏重于关注《三国演义》传入日本之后的情况,换言之,日本的"三国热"似乎有一个前提或范围,即根基于《三国演义》。那么,在《三国演义》传入日本之前,日本人就不关注"三国",甚至不知道"三国"吗?答案显然是否定的。

一 《太平记》中的中国故事

汉籍传入日本的历史十分悠久,对日本文化产生过较大的影响。汉

---

① 影响较大的就有吉川英治改编译《三国志》,立间祥介译《三国志演义》,小川环树、金田纯一郎译《全译三国志》,村上知行译《全译三国志》等。

籍所载的典故经常为日本文学作品所引用,尤以日本的军记物语为最。军记物语是日本古代的一种小说文体,以日本古代历史为主要题材,与中国的历史演义小说较为相似,因此,军记物语经常引用中国史籍及历史小说中的故事。这些所引故事出处较为复杂,成为学者探究的焦点之一。《太平记》成书于日本南朝建德二年(1371)至文中四年(1375)间①,是日本军记物语的经典之作,也是笔者所见较早引用三国故事的一部日本典籍。该书卷二十就引用了一则题为"诸葛孔明事"的故事。

据笔者考察,近代以来最早对《太平记》所引中国故事进行探讨的日本学者当是狩野直喜②,他于大正七年(1918)2月在国文学会发表了题为"《太平记》所见中国故事"的演讲。原稿并不完整,作者生前似未公开刊发,亦未收入其60岁时编集的论文《中国学文薮》(弘文堂1927年版),只在他去世后收入该论文集的增补版(美篶书房1973年版),知之者不多。

狩野直喜阐述《太平记》中的"中国因素":

> 读《太平记》第一感觉,即该书文体与中古时代日文迥异,汉文因素极多。四书五经自不必言,引《史记》《汉书》《文选》《白氏文集》《和汉朗咏集》等书之处亦极多。由此可知,此书作者乃博学之人,日本典籍以外,亦精通中国文学及佛典,并在书中引经据典,运用自如。书中或是引用与书中情节相似之中国故事,或是就书中情节与中国故事之关系作大段议论。③

---

① 邱岭、吴芳龄著《三国演义在日本》,宁夏人民出版社2006年版,第3—5页。
② 狩野直喜(1868—1947),日本著名汉学家,京都学派"中国学"主要创始人和奠基者。1906年起任京都帝国大学教授,并于1910年开设了"中国戏曲及小说"课程,他也由此成为第一位以讲座教授身份在帝国大学讲授中国俗文学的学者,1919年至1922年任京都帝国大学文学部部长,1929年起任东方文化学院京都研究所(京都大学人文科学研究所前身)第一任所长,执掌京都大学中国语中国文学讲座二十余年。关于狩野直喜与京都学派中国俗文学研究学术体系的确立,可参见拙译《中国小说戏曲史·译者的话》,江苏人民出版社2017年版。
③ 狩野直喜《〈太平记〉所见中国故事》,《中国学文薮》,美篶书房1973年版,第408页。

那么,《太平记》等军记物语频频引用中国故事的原因究竟何在?狩野直喜认为这是当时崇尚汉学的风气所致:

> 当时崇尚汉籍为普遍风气,书中凡有与中国故事相似者,具说明是用汉籍典故,以求读者之喜。①

不过,《太平记》所引中国故事并非都是简单地从汉籍照搬过来,其出处情况有些复杂。大体可分为三类:一、与汉籍原典相同,其出处比较容易求得,如《史记》《汉书》等;二、难以考证所引故事出处者;三、与汉籍原典有所不同的故事。第一类,出处比较明确,姑且置而不论。第二类,大多属于所引汉籍原典已佚,难以考证出处。因此,狩野直喜认为,有考证之必要及可能的是第三类。

第三类也并不简单,狩野直喜认为至少又可以分为两种情况:

第一,"作者所引中国故事可见于不同的汉籍,其所引的是其中一种典籍,如果用另外的典籍来对比,其故事自然有所不同"②。

狩野直喜举卷一"无礼讲事"后附"玄慧文谈事"来证明之:该故事是写《太平记》中一位名叫玄慧法印的僧人讲解《昌黎文集》,其中讲到韩愈"犹子"韩湘自言有夺造化顷刻开花之力,韩愈不信,韩湘开之,花中有一句诗曰"云横秦岭家何在,雪拥蓝关马不前",韩愈被贬方悟,补齐此诗。狩野直喜认为,韩愈文集中并无此事,只有那首"一封朝奏九重天"的七律,而题作"左迁至蓝关示侄孙湘",因此,韩湘是韩愈的侄孙,而不是"犹子"。

狩野氏考证,与这段故事相关的出处至少有三个:《太平广记》卷五十四神仙部之《韩愈外甥》引《仙传拾遗》、唐段成式《酉阳杂俎》和宋刘斧《青琐高议》。这三则故事互有出入,其中《青琐高议》所载与《太平记》所引大体相同。狩野氏认为,就写作笔法而言,《仙传拾遗》最佳,《青琐高

---

① 狩野直喜《〈太平记〉所见中国故事》,《中国学文薮》,美篶书房1973年版,第409页。
② 狩野直喜《〈太平记〉所见中国故事》,《中国学文薮》,美篶书房1973年版,第410页。

议》次之,《酉阳杂俎》最简单,《太平记》为何不用《仙传拾遗》,而用《青琐高议》?这就是因为"那部《昌黎文集》(指《五百家注音辩昌黎先生文集》)早就传入日本,并出现和刻本,该书在上述韩愈诗下注有'引《酉阳杂俎》《青琐高议》'字样,故《太平记》作者从两者中选取了情节相对有趣的《青琐高议》"①。

第二,《太平记》在汉籍所载故事的基础上略有发挥创作,其故事与汉籍原典大体相同而略有出入。如卷四"备后三郎高德事"后附"吴越军事",讲述范蠡助越王勾践灭吴之事。此事在《国语》《史记》《越绝书》《吴越春秋》等书中都有记载,但《太平记》中有一个情节是上述诸书所没有的:越王被囚于吴,有一鱼贩写了一行字放入鱼肠,来狱中将鱼送给越王,上书:"文王囚羑里,重耳走翟,皆以为霸王,莫死许敌。"狩野直喜遍查汉籍,不见此事,鱼肠剑之类故事与此相差太大。此外,还有一些与汉籍所载不同者,如将西施写成越王的王后,把吴王所得之病说成是"石淋"等。

狩野直喜讲座原稿上尚有列有:(《太平记》)卷十三所引"干将莫邪事",卷十八所引"程婴杵臼事",卷十九所引"囊沙背水阵事",卷二十所引"诸葛孔明事",卷二十六所引"黄粱梦事"。他当日的讲演,应该包括上述故事,可惜今所见原稿中,只简要考证了"干将莫邪事",其余故事的考证都付阙如。

狩野直喜的高足青木正儿②对中日文学关系,特别是中国文学对日本文学的影响也很关注,曾著有长文《日本文学与中国文学》③,此文长达88页,曾单行出版,后收入其论文集《中国文学艺术考》(弘文堂书房

---

① 狩野直喜《〈太平记〉所见中国故事》,《中国学文薮》,美箓书房1973年版,第413页。
② 青木正儿(1887—1964),日本著名汉学家,京都学派主要学者之一。1911年毕业于京都帝国大学,1920年创办《中国学》杂志,1938年任京都帝国大学教授。青木正儿是中国学界较为熟悉的日本汉学家,著述极富,其中已有不少中译本。
③ 此文有梁盛志中文译注本,题为《中日文学关系论——中国文学对日本文学的影响》,《东亚联盟》,第1卷第2期,1940年8月。

1942年版),由狩野直喜题签书名。该文从中国文学(汉文化)以朝鲜半岛为中介传入日本的奈良时代及其前后(约当三国至隋末)开始,直至明治大正时期(约当晚清至民国前期)的中国戏曲小说翻译,系统研究了一千多年来中国文学在日本的传播、接受及其影响。

具体到俗文学方面,《游仙窟》的传入揭开了日本小说史的发端,正是由于这样的关系,中国文学特别是小说、戏曲、说唱等俗文学从一开始就深刻地影响了日本的俗文学创作。镰仓室町时期(约南宋中期至明中期)的军记物语中有大量的中国故事,青木正儿此文中有一节"军记物语中的中国故事"就此展开专论。他认为,军记物语中之所以会插入这么多的中国故事,并非作者随意为之,当然也不能等闲视之:

这可能是为增加读者兴趣,也有可能是作者炫耀才学,总之有一点是可以明确的,那就是作者也好,读者也好,他们都喜好中国故事①。

青木正儿以《平家物语》《源平盛衰记》《太平记》等名著为例,一一列出其中所引用的中国故事,其中《源平盛衰记》中有23则,《太平记》则有24则。这些故事中,先秦两汉故事占了绝大多数。青木正儿对《太平记》中的两个故事作了简要论述,即前述狩野直喜已经考证的"昌黎文集事"和原稿中未考证的"黄粱梦事"。青木正儿基本同意乃师的说法,认为"昌黎文集事"所载韩湘故事可能出自《青琐高议》,但他同时也补充了一个狩野直喜没有指出的来源,即唐代的《韩仙传》。而"黄粱梦事"则出自李泌所作的唐传奇《枕中记》。

由于青木正儿此文所论范围很广,因此,他限于篇幅没有对《太平记》展开更为具体的考证,但仅上述两则故事,已有补狩野直喜之所未言者。

---

① 青木正儿《中国文学艺术考》,弘文堂书房1942年版,第44页。

此后对《太平记》所引中国故事来源进行考证的是大矢根文次郎①。他的《〈太平记〉中的批评文、汉语、汉诗文、故事二三题》一文,对《太平记》所引中国故事作了专题研究。共分三个部分:

第一部分讨论《太平记》书中所附作者的议论。这些议论不见于其他军记物语,只见于《太平记》,而且多用在中国故事后,其宗旨多为劝善惩恶。大矢根氏认为,"这些评论从写法到内容,都很难说是作者的独创,很明显地受到中国古代史传文学及小说的影响"②。

第二部分讨论《太平记》中所用的古汉语词汇、古诗文。《太平记》的语言风格显示出强烈男性化色彩,这固然与其以政治军事为主的题材有关,但《太平记》与其他同类题材的军记物语相比,男性化更为显著。大矢根氏认为,其原因就在于《太平记》运用了大量的汉语词汇、汉诗、汉文,其中有一篇用汉文写成的长达950字的奏文,这种长达数百字的汉文在书中还有很多。即便是把汉文译成日文,也基本上用训译法,其词汇大多仍是汉语,这种风格被称为"汉文脉"或"汉文调",而不是纯粹的日语词汇和语法。将其与《平家物语》相比,即可知两书的差异:"优雅流丽、富有诗意的《平家物语》和汉文气息浓厚、男性化倾向显著的《太平记》,正是军记物语前后两期的代表作。"③这其实也就是前述狩野直喜所说的:《太平记》"文体与中古时代日文迥异,汉文因素极多"。为何汉文越多就会越男性化?这是因为日文文字分为真名(即汉字)和假名,在古代真名是男性使用的文字,而假名最初是女性使用的文字。

第三部分考证《太平记》所引的中国故事,是全文的重点。据大矢根

---

① 大矢根文次郎(1903—1981),1932年毕业于早稻田大学,1940年任早稻田大学讲师,1945年任教授,1967年任早稻田大学东洋文学会会长,1970年获早稻田大学博士学位,1973年为名誉教授。著有《中国文学史(元以前)》(前野书店1955年版)、《中国古典文学》(高文堂出版社1965年版)、《〈世说新语〉与六朝文学》(早稻田大学出版部1983年版)。
② 大矢根文次郎《〈太平记〉中的批评文、汉语、汉诗文、故事二三题》,《军记物及其周边——佐佐木八郎博士古稀纪念论文集》,早稻田大学出版部1969年版,第528页。
③ 远藤光正《〈中国故事金言集〉中〈明文抄〉与〈太平记〉出典之关系》,《东洋文化研究所纪要》第7辑,1967年3月,第105页。

氏统计,《太平记》全书共有标题故事 145 则,而其中有标题的中国故事有 21 则,此外还有不少没有标题的故事。他将这些故事一一列出,并指出出处,不过和青木正儿指出的 24 则中国故事略有出入:大矢根所列少了卷九"项羽自害事"、卷二十"诸葛孔明事"、卷二十二"犬戎国事"、卷二十六"秦穆公事",多了卷十三"龙马进奏事"①。

大矢根文次郎将这些故事分为四类:

第一,忠实于中国故事原典者。属于这一类的故事有"楚汉合战事""纪信事""白鱼入船事""囊沙背水阵事"等。

第二,将不同记载(含日本人所作)的故事糅合在一起。最为典型的代表就是卷三十七所引"杨国忠事",糅合了《长恨歌》《长恨歌传》《杨太真外传》《今昔物语》《唐物语》《壒囊钞》等记载的相关情节。

第三,被日本化的故事。如卷二十五所引"黄粱梦",该故事本出于《枕中记》,原故事颇为复杂,但在《太平记》引用时,情节有所改动,并且简化了很多。大矢根氏认为,"这个故事被简化,恐怕是符合日本人崇尚简约淡泊的性格,其改动的情节也与平安时代贵族生活或《平家物语》的某些情节相似,可以想象,这个故事是被日本化了的"②。

第四,在故事梗概大体相同的前提下改写。如卷三十四所引"精卫事",该故事在《山海经》、左思《三都赋》、郭璞《精卫赞》、陶渊明《读山海经》等文献中都有记载或描述,但在《太平记》中被改写为:一个叫精卫的人,带其子从他国回来途中,因大风溺死于海,其子日夜悲泣,亦投海而死,魂化作鸟,在海上啼叫,其声如"精卫精卫",最后衔草木填海。大矢根认为,该故事改动后变成以孝为主题的故事,与曹娥故事有些类似,但

---

① 该故事写大臣盐冶高贞献给后醍醐天皇一匹宝马,名曰"龙马",大臣万里小路藤房引用汉文帝、汉武帝、周穆王等人的故事,劝谏后醍醐天皇不能玩物丧志,事与《贞观政要》卷二《论纳谏》中魏徵劝谏太宗从西域买名马相类,但魏徵谏言中未提及周穆王因玩八骏而导致周朝衰败。
② 大矢根文次郎《〈太平记〉中的批评文、汉语、汉诗文、故事二三题》,《军记物及其周边——佐佐木八郎博士古稀纪念论文集》,早稻田大学出版部 1969 年版,第 545 页。

不一定就是受到了后者影响,这大概是孝行主题故事共同的模式。

远藤光正的《〈中国故事金言集〉中〈明文抄〉与〈太平记〉出典之关系》则提出了另一个重要观点,即《太平记》所引汉籍中的名言锦句并不是直接引自中国典籍,而是间接引自日本编刻的有关中国知识的工具书。

具体而言,汉籍自传入日本后,直到近代西学传入以前,汉学是日本社会流行的学问,也是安身立命所不可或缺的教养,因此,日本相继编辑刊刻了不少的汉学工具书,其中最主要的有 7 种。这 7 种按照成书先后顺序,有 4 种在《太平记》成书之前,即《世俗谚文》《明文抄》《玉函秘抄》《管蠡抄》,而《太平记》引用最多的是成书于贞永二年(1233)的藤原孝范编的《明文抄》。① 通过对《太平记》中所有出自汉籍的 183 处名言锦句的考察,远藤光正证明其全部都可以在上述 4 种工具书中找到出处,其中 182 句可见于《明文抄》,100 句见于《玉函秘抄》,71 句见于《管蠡抄》,53 句见于《世俗谚文》。② 不过该文侧重于对名言锦句的考察,而没有对故事情节的出处进行考证。

关于《太平记》所引中国故事的探讨一直在持续,近二三十年来也还有相关论文发表。③ 但从狩野直喜、青木正儿、大矢根文次郎以来的研究

---

① 远藤光正《〈中国故事金言集〉中〈明文抄〉与〈太平记〉出典之关系》,《东洋文化研究所纪要》第 7 辑,1967 年 3 月,第 105—106 页。
② 远藤光正《〈中国故事金言集〉中〈明文抄〉与〈太平记〉出典之关系》,《东洋文化研究所纪要》第 7 辑,1967 年 3 月,第 116 页。
③ 如大隅和雄《〈太平记〉中国人名分布》(《日本文学》第 31 卷第 1 号,1982 年 1 月)、三田明弘《中国典籍与〈太平记〉》(《国文学解释与鉴赏》第 56 卷第 8 号,1991 年)、邱璐《中国典籍对〈太平记〉的影响》(《皇学馆论丛》第 45 卷第 5 号,2012 年 10 月)。对其中某一故事的出典考证的也有不少,如增田欣《〈太平记〉中的程婴杵臼故事》(《国文学考》第 24 卷,1960 年 10 月)、《虞舜至孝故事的传承——以〈太平记〉为中心》(《中世文艺》第 22 卷,1961 年 7 月)、《骊姬故事的传承与〈太平记〉》(《国文学考》第 28 卷,1962 年 5 月)、邱鸣《〈太平记〉引用中国故事的方法——关于黄粱梦故事》(《都大研究》第 28 卷,1991 年)、《〈太平记〉引用中国故事的方法——护良亲王的人间像与中国故事说话》(《都大研究》第 27 卷,1990 年)、三田明弘《〈太平记〉卷四"吴越斗事"与中国的吴越争霸故事》(《早稻田大学教育学部学术研究·国语国文学编》第 44 卷,1995 年)等。

者却都没有对"诸葛孔明事"的出处进行考证①,直到近几年,国内学界如邱岭、吴芳龄著《三国演义在日本》,张哲俊《〈太平记〉中三国故事的文献来源考察》(《内蒙古师范大学学报》哲学社会科学版,2010年第3期)等才专门论及此问题。笔者试在此基础上,结合上述论著中尚未提及的文献,对此问题再作考察。

二 "诸葛孔明事"并非来自《三国演义》

要考察《太平记》所引"诸葛孔明事"的文献来源,首先就要考察三国故事在日本的流传情况,那么,三国故事是何时传入日本的呢?

邱岭、吴芳龄认为:"在日本,(中略)直至元末明初,(中略)才有《太平记》,虽然简单,但有始有终地以孔明为主人公叙述了三国的分合历史。"②又说:"《三国志》(中略)在作品(指《太平记》,下同)问世前的千余年间却一直鲜为日本人所知,至少在《保元物语》《平治物语》《平家物语》与《承久记》等先于作品问世的所有军记物语中均未见有任何借鉴。(中略)如此于日本中世作品中唯有军记物语对三国故事情有独钟,随处可见又对三国故事的借鉴,(中略)于卷二十'义贞梦蛇及诸葛孔明事'中作者更以几乎一整节的篇幅,以孔明为主人公大致讲述了三国的历史。"③

其后逐一辨析了该故事可能的来源文献,认为《太平记》中的三国故事与《三国演义》最为接近,因而《三国演义》最有可能成为《太平记》中三国故事的来源。接着,又举楠木正成与诸葛亮形象塑造上的相似为证

---

① 远藤光正对该故事中的"朕有孔明,如鱼有水"一句,考证其出自《明文抄》引《三国志·诸葛亮传》,见《〈中国故事金言集〉中〈明文抄〉与〈太平记〉出典之关系》,《东洋文化研究所纪要》第7辑,1967年3月。
② 邱岭、吴芳龄著《三国演义在日本》,宁夏人民出版社2006年版,第3页。其在翻译金文京《三国演义的世界》一书的"译后记"中也表达了相同的观点,见金文京著,邱岭、吴芳龄译,李均洋校《三国演义的世界》,商务印书馆2010年版,第264页。
③ 邱岭、吴芳龄著《三国演义在日本》,宁夏人民出版社2006年版,第11页。该故事颇长,限于篇幅,不便引录,译文可参看《三国演义在日本》第8—9页。

据,进而总结得出:"《太平记》中楠木正成形象的原型很可能是《演义》中的孔明,而《太平记》中三国故事借鉴的也应该是《演义》。(中略)《演义》就必须早《太平记》相当长的一段时间问世,至少要早三五十年吧。"①然后进一步推断《三国演义》"有可能成书于元末乃至元末较早的时期,抑或如杜贵晨于其《〈三国志通俗演义〉成书及今本改定年代小考》中所考,成书于1323—1329年间,早《太平记》近半个世纪"。②

张哲俊《〈太平记〉中三国故事的文献来源考察》一文则详细考察了该故事的文献来源,虽然认为"不能排除《三国演义》影响的可能性,但也不能断言有《三国演义》的影响"。但他在注释中根据《罗山林先生集》第一次著录《三国演义》的时间为1604年,推测"《太平记》接受《三国演义》的可能性不大"③。

那么,《太平记》受《三国演义》的可能性有多大? 如邱书所言,《太平记》之前,日本典籍中基本没有三国故事,《太平记》之后,日本典籍中又没了三国故事④,而在湖南文山译成《通俗三国志》后⑤,三国又风行日本,那么,从《太平记》到《通俗三国志》之间的三百余年,三国故事在日本为什么如此冷清?《三国演义》现存最早刊本是嘉靖元年(1522)刊刻的《三国志通俗演义》,而最早见于日本典籍著录的是长庆九年(1604),中日两国也都没有发现更早前的抄本或刻本? 即使有,又能否证明《三国演义》在《太平记》成书前就已经传入日本并对《太平记》影响颇大?

按邱书逻辑,认为《太平记》和《三国演义》相似,就一定是《三国演义》影响《太平记》,却不论若仅从事理逻辑上说,反之亦然:《太平记》成

---

① 邱岭、吴芳龄著《三国演义在日本》,宁夏人民出版社2006年版,第32页。其实楠木正成得天书一节与《水浒传》中宋江受九天玄女天书三卷的情节更为相似,而诸葛亮似无此事。
② 邱岭、吴芳龄著《三国演义在日本》,宁夏人民出版社2006年版,第32页。
③ 张哲俊《〈太平记〉中三国故事的文献来源考察》,《内蒙古师范大学学报》(哲学社会科学版),第39卷第3期,2010年5月。
④ 详见邱岭、吴芳龄著《三国演义在日本》,宁夏人民出版社2006年版,第53页。
⑤ 金文京认为《通俗三国志》译文还受到了《太平记》语句的影响。详见金文京著,邱岭、吴芳龄译,李均洋校《三国演义的世界》,商务印书馆,2010年版,第243—244页。

书后迅速流传,并传入中国,对《三国演义》的创作产生影响。这反可以为一些主张《三国演义》成书于明初或明中叶的观点,增加一条佐证。

既然《太平记》"诸葛孔明事"与《三国志》《晋书》《三国志平话》(《三分事略》)相关部分相去甚远,来源于或曰受《三国演义》影响的可能性也不大,那么,其来源究竟为何?

三 "诸葛孔明事"与唐代佛教著述之关系

其实,在唐代佛教著述里就已经出现了与"诸葛孔明事"极为相似的记述,分别是:大觉《四分律钞批》、景霄《四分律行事钞简正记》、澄观《大方广佛华严经随疏演义钞》、湛然《止观辅行传弘诀》。上述邱书、张文都未论及此,故将四则记述转引于下。

唐代僧人大觉《四分律钞批》卷二十六在注解《僧像致敬篇》时,引述了"刘氏重孔明"的故事:

注云:"似刘氏重孔明者",刘备也。意三国时也,谓魏主曹丕都邺,今相州是也,昔号魏都;吴主孙权都江宁,昔号吴都;刘备都蜀,昔号蜀都;世号三都,鼎足而治。蜀有智将,姓诸葛名高[亮],字孔明,为王(刘备)所重。刘备每言曰:"寡人得孔明,如鱼得水。"后乃刘备伐魏,孔明领兵入魏。魏国与蜀战。诸葛高[亮]于时为大将军,善然谋策。魏家惟惧孔明,不敢前进。孔明因致病垂死,语诸人曰:"主弱将强,为彼所难,若知我死,必建[遭]彼我[伐]。吾死已后,可将一袋土,置我脚下,取镜照我面。"言已气绝。后依此计,乃将孔明置于营内,于幕围之,刘家夜中领兵还退归蜀。彼魏国有善卜者,意转判云:"此人未死。""何以知之?""蹋土照镜,故知未死!"遂不敢交战。刘备退兵还蜀,一月余日,魏人方知,寻往看之,唯见死人,军兵尽散。故得免难者,孔明之策也。时人言曰:"死诸葛怖生仲达。"仲达是魏家之将也,姓司马名仲达。亦云:"死诸葛走生仲达。"其孔明有志量,时人号为卧龙,甚得刘氏敬重。①

唐代僧人景霄《四分律行事钞简正记》也曾记载"刘氏重孔明"事,但文字多有不同:

"刘氏重孔明"者,三国时蜀主刘备也,孔明即诸葛亮之字也,襄阳人也,为蜀主之所重。自三往召之,方出,次亮为丞相,备常云:"寡人得孔明,如鱼得水。"后令孔明领兵伐魏,因得病垂死,语诸军曰:"主弱将强,为彼所难,若知若知[衍二字]吾死,必遭彼伐。可将大械盛土,安吾足下,取镜照吾面。"言讫而终。置相营内,依语为之,至半夜抽军归蜀。经月余日,魏王有将司马仲达,善卜,卜云:"未死。"何以知之?踏土照镜,故知在也,不敢进兵。至后方委卒。时人曰:"死诸葛亮怖生仲达。"此举俗贤,反况于道圣也。②

唐代僧人澄观《大方广佛华严经随疏演义钞》卷四十亦有引用:

疏:且夕钓磻溪下,第四举例证成,以君臣为一对。磻溪即是太公垂钓之处,顿为武王之丞相,岂要历资?略举一事,其例甚多。诸葛亮受黄钺于茅庐,韩信将坛于一卒,蔡泽夺范雎之印,张仪霸秦王之威,皆布衣也。③

唐代僧人湛然《止观辅行传弘诀》卷五之三又说:

十界相望,善恶可知。昔孙、刘等者,引事以证先见之相。汉末三人俱诣相者,相者见孙、刘有社稷之相,即便语之。曹公不蒙相者

---

① 《续藏经・中国撰述・大小乘释律部・四分律批抄卷第二十六・僧像致敬篇第二十二》,京都藏经书院 1912 年刊行。
② 《续藏经・中国撰述・大小乘释律部・四分律行事钞简正记卷第十六・从四药篇毕诸杂要行篇》,京都藏经书院 1912 年刊行。
③ 《大藏经・经疏部・大方广佛华严经随疏演义钞卷第四十》,京都藏经书院 1905 年刊行、大正一切经刊行会 1934 年新修。

所记,知相者不逮,褰衣示之,相者见已,举声大哭:"天下鼎峙,四海三分,等荼苦菜也。"至后汉末,此之三人,果据三方。孙据吴,刘据蜀,曹据魏。前后二汉并王莽十八年,刘玄一年,合四百二十六年。后汉末献帝时,董卓作乱杀太后,焚洛阳,五星失度,五岳崩裂,天狗流行,地数振动,白虹贯日,赤气穿宫。谷一斛五十万,豆一斛二十万,州县各权,群臣饿死。至建安元年,曹为司隶校尉。操本沛人,姓曹氏,讳操,字孟德。汉曹参之后,少多机智,有权数。好飞鹰走狗,游荡无度,世人未奇之。唯南阳何颙等异之。本传应别有相者,不知颙谓曰:"吾见天下之士,未见若君者,天下将乱,非命世之士不能济,能安者在君乎?"为校尉时知尚书令事。二年袁绍称天子,操尚为冀州牧。十三年操为丞相,十八年后曹自称为魏公。十九年刘备刘璋据益州。备字玄德,涿郡人,父事州郡。少孤,(与)毋[母]贩屦贷织为生。舍东南角篱上有桑树,高五丈余,常望气,置置如小车盖。往来者异之,或云此家出贵人。备小时儿戏其下,曰:"吾必乘此羽葆车盖。"叔父子惊[敬]曰:"勿妄言,灭吾门矣。"年长大,不乐读书,喜走狗马,奏音乐,美衣服。长七尺五寸,手过膝。少语言,(善)下人,喜怒不形于色。此即显相之貌也。至建安二十年,操杀皇后及皇太子,二十一年自称魏主,刘备自称汉中王。孙传不能具记。曹公相显如八界,孙、刘相显如二界。①

通过对比阅读,不难发现此四则记述与"诸葛孔明事"有着比其他文献更为独特的相似性:

(一)从故事在文献中所处的位置来看。《三国志·诸葛亮传》《晋书·宣帝纪》《三国志平话》《三分事略》《三国演义》等书都是正文叙述该故事,而非注释或插话;唯独《四分律钞批》《四分律行事钞简正记》与

---

① 《大藏经·诸宗部·止观辅行传弘诀卷五之三》,京都藏经书院1905年刊行、大正一切经刊行会1934年新修。

《太平记》所引孔明故事都是作为注释或插话而存在的,即非原书正文,而是为了起到一定的解释说明作用。

初唐高僧道宣在《四分律删繁补阙行事钞》中谈及一个人物具有何种品质才会受人尊敬时,加注云:"似刘氏重孔明者。"道宣并未对"刘氏重孔明"之事展开陈述,大觉、景霄即为道宣之书作注,补充了何为"刘氏重孔明"。而在《太平记》中,孔明故事也是作为圆梦依据插入的:后醍醐天皇大将新田义贞在死前最后一战的前夜,梦见自己于两军阵前化作一条三十余丈长的大蛇卧于地上,大败足利军大将高经,自以为大吉;但其部将斋藤七郎却以为大凶。因卧蛇即卧龙,卧龙即孔明,故大吉;但时届七月,阳去阴来,蛇将冬眠,主梦者将入土安眠,故大凶。这段故事与后文情节发展没有必然联系,只是作为插话而非正文。

(二)从故事本身的结构来看,可从以下两小点分论之:

第一,《三国志·诸葛亮传》《三国志平话》《三国演义》中都叙述了诸葛亮完整的一生,唯独《四分律钞批》《四分律行事钞简正记》与《太平记》"诸葛孔明事"不约而同地选取了孔明出山和孔明之死两段。两者所叙述的三国故事都是以孔明为核心,且前后结构完全一致,故《太平记》引用时题为"诸葛孔明事"。

《四分律钞批》和《太平记》之所以选取孔明出山和孔明之死两段故事,是因为这两段故事与刘备三顾茅庐之间存在因果关系,即孔明出山是因为受刘备三顾之恩,而孔明之死是为报刘备三顾之恩,进而推演为:孔明出山意味着刘蜀之兴盛,孔明之死则直接导致刘蜀之败亡,刘蜀之兴亡系于孔明。故《四分律钞批》和《太平记》所记之事,全文都在表现孔明"为王(刘备)所重",得孔明如鱼得水,后又委以重任,并对他的遗策言听计从,且在故事首尾强调了刘氏重孔明。而《太平记》更是将孔明之死与蜀国之亡直接联系在一起,其在孔明之死后,称战后蜀军闻孔明既死,纷纷投降魏国,于是蜀国先灭,吴国次之,而曹魏一统天下。吉川英治在编译《三国志》时删去了孔明死后的三国故事,只以一篇附录结束全篇,灵感或即来源于此。

第二，唐代佛教著述与《太平记》"诸葛孔明事"都在故事之前概述了魏、蜀、吴三足鼎立之形势，且并无涉及汉末群雄逐鹿之事；而《太平记》对曹、刘、孙三人的评价和叙述结构又与《止观辅行传弘诀》对三人的评价与叙述结构极为相似。

《止观辅行传弘诀》所记在时间和人物上的错乱颇多，如：曹操、刘备、孙权三人同诣相者之事不见于史载；何颙评曹操之语实出桥玄之口；建安二年（197）称帝的乃是袁术，并非袁绍；曹操领冀州牧是在建安十一年（206），并非建安二年；建安十九年（214），是刘备夺取原据益州的刘璋之地，并非二人合力据益州；曹操杀汉献帝皇后是在建安十九年（214），而非建安二十年（215）；刘备称汉中王是建安二十四年（219），而非建安二十一年（216），等等。

有所不同的是，《止观辅行传弘诀》认为曹操、刘备、孙权之所以能割据称帝，是因为三人有"社稷之相"，而《太平记》则认为三人各以智、仁、勇三德三分天下，这是作者按照《中庸》中"智、仁、勇三者，天下之达德也"的原则来理解魏、蜀、吴三国争霸的，这是以三德分属三人。相反，书中的楠木正成则又是集三德于一人，他既忠君爱国，又勇武过人，且复足智多谋，正是智、仁、勇兼备的理想武士。后来吉川英治在编译《三国志》时，又以仁、智、勇三德分别赋予刘、关、张三人，其中刘备之仁、张飞之勇与原著一致，而有意将关羽塑造成"智"者的形象，如将其改为村塾夫子出身，并强调了其博学多识，甚至还让其草拟讨黄巾的檄文等。而吉川《三国志》中的孔明形象主要被突出其"忠"的一面，这与日本人对孔明形象的认识传统是相一致的。

（三）从故事情节来看，亦可从以下三小点分论之：

第一，尽管历来对历史上究竟是否有"三顾茅庐"一事存在争议，但可以肯定的是，《三国志·诸葛亮传》《三国志平话》《三国演义》等书中的"三顾茅庐"都发生在刘备依附于荆州刘表时期；唯独《四分律钞批》《四分律行事钞简正记》与《太平记》"诸葛孔明事"的主要情节之一"三顾茅庐"发生在刘备据蜀之后。

而且,两者在描述刘备请孔明出山之后都委以重任,《太平记》说封以公侯之位,号曰武侯;《四分律行事钞简正记》说封为丞相。实则诸葛亮为丞相是在刘备称帝之后,封侯在后主即位之后,不曾封公爵,"武侯"是其谥号"忠武侯"之简称,或其谥号与封爵"武乡侯"之混称。澄观更称"诸葛亮受黄钺于茅庐",黄钺乃是以黄金为饰之斧,古代为帝王所专用,或特赐给专主征伐的重臣。刘备访诸葛亮于草庐中之时,仅为虚领豫州牧、宜城亭侯,据其称帝成都尚有十四年之久,如何有权授予诸葛亮黄钺?

第二,《三国志·诸葛亮传》《晋书·宣帝纪》《三国志平话》《三国演义》叙述孔明伐魏之事都是在刘备死后、刘禅在位之时,唯独《四分律钞批》《四分律行事钞简正记》与《太平记》中写诸葛亮伐魏是刘备尚存之时。

实则《四分律钞批》所引记述诸葛亮随刘备伐魏,与史实颇多舛互。文中称诸葛亮曾为大将军,其实诸葛亮从未任大将军之职,其伐魏时的职务为丞相;诸葛亮也从未与刘备一起伐魏,建安末年,刘备与曹操争夺汉中时,诸葛亮镇守成都,并未随军,到建兴五年(227),诸葛亮上表伐魏时,刘备已故五年,至于诸葛亮病逝时,刘备已亡故十二年矣。《四分律行事钞简正记》在《四分律钞批》的基础上虽多有纠正,如增写刘备三顾茅庐事,又将诸葛亮的"大将军"改为"丞相",同时还回避了诸葛亮北伐时刘备是否在场的问题。

《太平记》中孔明伐魏时的职务则如前所述,号曰"武侯"。略有不同的是,《太平记》中的孔明北伐是因曹操遣司马懿领兵七十万击蜀而做的被动应战,而《四分律钞批》《四分律行事钞简正记》都写蜀军主动伐魏。

第三,《三国志·诸葛亮传》《晋书·宣帝纪》《三国志平话》都叙述孔明多次伐魏，《三国演义》更是以十四回的篇幅描述了诸葛亮从上表伐魏到遗计斩魏延之间的六次北伐，其对手虽然也以司马懿为主，但《三国演义》毕竟是比较严肃的历史演义小说，并没有为了展现诸葛亮与司马懿之间的单独较量而忽略了其他魏将，在司马懿之外，还写了曹真、张郃等人与孔明之间的斗争。唯独《四分律钞批》《四分律行事钞简正记》与《太平记》中只写诸葛亮一次伐魏，对手有姓名可知者，唯司马懿一人，且并无一次正面交锋。

实则孔明第一次北伐之时，司马懿督荆、豫二州诸军事，驻扎宛城，并不在战争前线，是张郃拒蜀，大破马谡于街亭；第二次北伐，出汉中围陈仓，因粮尽退兵汉中，魏将王双来追被斩；直到孔明第三次出兵攻魏，并占据武都、阴平二郡，魏明帝决定兴师伐蜀，升司马懿任大将军、加大都督、假黄钺，与大司马曹真一起伐蜀；到了孔明第四次伐魏，包围祁山，并以木牛流马运输粮草，魏明帝以西方事付司马懿，派其西驻长安，都督左将军张郃、雍州刺史郭淮等防御蜀军；孔明第五次攻魏，司马懿率军渡渭水，背水筑垒阻击，两军对峙，相持百余日，孔明病故于五丈原军中，蜀军撤回。

（四）从人物形象来看。《三国志·诸葛亮传》《晋书·宣帝纪》《三国志平话》《三国演义》均未言及司马懿善卜，唯独《四分律钞批》《四分律行事钞简正记》与《太平记》写司马懿善卜。《四分律钞批》中虽未明言，但根据"彼魏国有善卜者"，"仲达是魏家之将也，姓司马名仲达"等句，尤其是结合后文的"死诸葛走生仲达"来看，加之与孔明对敌者又仅司马懿一人，可以推测与孔明对峙者为司马懿，司马懿即是善卜者，故《四分律行事钞简正记》索性改成了："魏王有将司马仲达，善卜。"《太平记》中也写司马懿见两军阵间有客星流坠而断言孔明七日之内必死，不日魏必吞蜀。

如此，可将"诸葛孔明事"与唐代佛教著述、《三国志》《晋书》《三国志平话》《三国演义》等的相关要素对照如下：

17

"诸葛孔明事"与中国相关典籍对照表

诸葛孔明事	唐代佛教著述	《三国志》	《晋书》	《三国志平话》	《三国演义》
作为插话或注释,而非正文	√	×	×	×	×
仅孔明出山与孔明之死两段	√	×	×	×	×
开头仅三足鼎立并无群雄逐鹿	√	×	×	×	×
刘备三顾茅庐在据蜀之后,且委孔明以高官厚爵	√	×	×	×	×
孔明北伐在刘备未死之前	√	×	×	×	×
孔明仅一次北伐,敌将仅司马懿一人,且无一次正面交锋	√	×	×	×	×
司马懿善卜	√	×	×	×	×

综上所述,可知唐代佛教著述与《太平记》中的三国故事在以下几个关键要素上具有独一无二的相似之处:1. 该故事作为插话或注释,而非正文;2. 该故事只有孔明出山、孔明之死两段;3. 故事开头只有三足鼎立并无群雄逐鹿,强调三分天下是注定之事;4. 刘备三顾茅庐在据蜀之后,且委孔明以高官厚爵;5. 孔明伐魏在刘备未死之前;6. 孔明仅一次北伐,敌将仅司马懿一人,且无一次正面交锋;7. 司马懿善卜。

三 唐代佛教著述影响"诸葛孔明事"的可能性

唐代佛教著述对"诸葛孔明事"产生影响在时间上是可能的。道宣(596—667)是唐代律宗实际创始人,因依据《四分律》建宗,也称四分律宗。此宗经典有《十诵律》《四分律》《摩诃僧祇律》《五分律》和《毗尼毋论》等五论。道宣《四分律删繁补阙行事钞》写于唐武德九年(626)、校订于贞观四年(630),"道宣之书在有唐一代极为流行,如今存敦煌遗书中即有 S.0726,S.1518,S.1815,P.2041,P.2085 等50多种抄件,可以说是当时僧尼必读的教科书和佛学入门教材"①。后人为该书作注释的极多，见于《行事钞诸家记标目》的有62家，在现存注疏中，大觉似是最早的一位注释者，其完成《四分律钞批》大约是在开元二年（714）。

律宗经道宣三传弟子鉴真（687—712）传至日本。唐天宝十三载（754），鉴真在奈良弘扬戒律，律宗传入日本。鉴真等还在日本唐招提寺讲解这些章疏②，则道宣《四分律》在鉴真时代已经传入日本无疑，只是此处的"疏"不知具体何指。或许在鉴真之前的《四分律》注疏中已经提到了此类孔明故事，因为大觉等人所述的似乎并非完全出于虚构，而是来源于唐代民间流传的孔明故事，这在刘知几《史通》和陈盖为胡曾诗《五丈原》所作的注中可以得到证明③。

而日本早在飞鸟奈良时代（592—794）就出现了当时世界上罕见的抄书事业，由政府设立抄写汉籍的专门机构，称为"写经所"，由"写经生"专事抄录，内容以抄录汉籍佛教经典为主。到了平安时代（794—1185），日本出现学习和吸收中国文化的高潮，佛教经典由此大量东传。

而中国第一部刻本《大藏经》是北宋开宝年间（968—976）刊蜀本《大藏经》，简称"开宝藏"或"蜀本藏"。今虽无全本，流传的零卷也极少，但在当时却流传甚广，以至于日本。日本《元亨释书》卷十六《力游·奝然法师》载："永延元年（987），（奝）然得大藏五千四十八卷及十六罗汉画像"。④ 其后屡经添补，最后积至六百五十三帙，六千六百余卷之多。自

---

① 李小荣《唐代释家经疏中的三国故事》，《福建师范大学学报（哲学社会科学版）》，2001年第3期。
② 见《唐招提寺缘起略集》："从（天平宝字）三年八月一日，初讲读《四分律》并疏等，又《玄义》《文句》《止观》等，永定不退轨则。"
③ 刘知几《史通》卷五《采撰》："诸葛犹存，此皆得之于行路，传之于众口。"陈盖注胡曾诗《五丈原》："《志》云：武侯诸葛亮为蜀军日北伐魏，魏明帝遣司马仲达拒之。仲达，蜀军于五丈原下营，即死地也，遂关城不出战，武侯患之。居岁，夜有长星坠原于原，武侯病卒而归。临终为□□仪曰：'吾死之后，可以米七粒，并水于口中，手把笔并兵书，心前安镜，□下以土，明灯其头，坐升而归'。仲达占之云未死；有百姓告云武侯病死，仲达又占之，云未死，竟不取趁。遂全军归蜀也。"
④ 虎关师炼《元亨释书》，吉川弘文馆2000年版，第235页。

13世纪末叶迄20世纪20年代的七百余年间,日本佛教界曾依据汉文本的各版大藏经,编纂、雕造、复刻或排印过《弘安藏》《天海藏》《黄檗藏》《弘教藏》《正藏经》《续藏经》和《大正新修大藏经》等7种版本的汉文大藏经。20世纪初,日本佛学界还将小乘上座部三藏译为日文本的《南传大藏经》六十五卷,并编辑出版《国译大藏经》、《国译一切经》和《日本大藏经》,这三种藏经的内容除中国著述外,还收录了大量的日本章疏及杂著等。

今日本大正《大藏经·目录部》记载平安时代日本许多著名僧侣从中国回归时携来的经论章疏目录,其中《天台宗章疏》(延历寺玄日录)中有《摩诃止观辅行传弘决》十卷(湛然述),《律宗章疏》(药师寺荣稳录)中有《四分律钞批》十四卷(华严寺大觉述),《华严宗章疏并因明录》(东大寺圆超录)中有《华严疏》三十卷(新经分本末为六十卷《请来录云演义钞》,清凉山大华严寺澄观述)。《大藏经·经疏部》有《大方广佛华严经随疏演义钞》(澄观述)。此外,《新纂续藏经·中国撰述·大小乘释律部》有《四分律行事钞简正记》十七卷(景霄纂),同部中的《行事钞诸家记标目一卷》(宋慧显集,日本戒月改录)中有《行事钞简正记》二十卷(景霄述)。

总之,《太平记》与唐代佛教著述中的诸葛孔明故事之间存在不同于其他相关文献的独特相似之处,而在《太平记》成书之前,相关唐代佛教著述已经传入日本,《太平记》"诸葛孔明事"受其影响是完全有可能的。

四 内藤湖南与《诸葛武侯》

当然,上述唐代佛教著述绝非日本人"三国知识"的唯一来源,成书于日本宽平三年(891)的《本朝见在书目》中即录有《三国志》,证明该书至迟在唐代时已传入日本。此外,还应包括《资治通鉴》等正史、《三国志平话》等话本、元杂剧三国戏等戏曲。

与中国人对三国人物的"各有所爱"不同,日本人对诸葛亮可谓是情有独钟。不唯上引《太平记》所引"诸葛孔明事",在《三国演义》成书并传入日本之后更是如此。近代以来,日本有关诸葛亮的传记、评传等纷纷问世,其数量远远超过其他三国人物。内藤湖南的《诸葛武侯》之后,尚有白河鲤洋《诸葛孔明》(1909)、猪狩史山《诸葛亮》(1913)、宫川尚志《诸葛孔明》(1940)、植村清二《诸葛孔明》(1964),仅新人物往来社就出版了加地伸行的《诸葛孔明的世界》、狩野直祯的《诸葛孔明》、横山孝雄的《诸葛孔明漫笔》等。同一出版单位集中出版同一题材的著作,是极为罕见的,这足以说明"诸葛孔明"在日本的"市场份额",但同时也可以看出不同作者面对同一个"诸葛孔明"的不同解读,真可谓是一千个作者,就有一千个诸葛孔明。

不唯如此,日本影响最大的《三国演义》译本——吉川英治改编译的《三国志》,其最大的改编之处就在于全书止于孔明之死。诚然,《三国演义》在孔明死后也是"草草收尾",但仍以占全书八分之一的篇幅叙述了姜维北伐、邓艾灭蜀、司马氏篡魏、西晋灭吴等大事,呈现的是一部完全的"三国演义"。但吉川英治《三国志》除孔明出山之前的部分外,几乎就是一部"诸葛孔明演义";如果将出山之前的部分作为背景,则更是如此[1]。

为什么日本人独爱诸葛孔明呢?其原因大致有两点:一是孔明前半生的传奇经历,具体地说,就是他以一介村夫而受刘备三顾之恩,委以重任,得以充分展露自己的才华;二是孔明后半生的悲剧性结局,六出祁山而汉室终不可兴,特别是他病逝于军中的秋风五丈原一幕,尤足以"长使英雄泪满襟"。内藤湖南的《诸葛武侯》原定的正、续两篇,其实就是按照这两点而预设的,遗憾的是仅完成了正篇,而未见续篇。

有人说《诸葛武侯》是一部"负气野心之作"[2],有人说是一幅"有志青

---

[1] 吉川英治《三国志》共分十卷,分别是:桃园卷、群星卷、臣道卷、孔明卷、赤壁卷、望蜀卷、图南卷、出师卷、五丈原卷。从第五卷到第十卷,皆以孔明之事命名。
[2] 植村清二《诸葛孔明》,筑摩书房1964年版,第267页。

年的热血自画像"①。笔者颇赞叹此说,这也是读此书最明显的感受。孔明初出茅庐,年方二十七岁,而能受刘备如此之礼遇,随之而来的赤壁之战,使孔明由一个躬耕于陇亩的乡野村夫瞬间成为关系刘备集团生死存亡,甚至关系到赤壁成败、决定三足鼎立形势的人物,这不能不说是空前绝后的传奇故事。内藤湖南甚至借用其友人吕泣生的话,将赤壁之战的成败归结于少者与老者之间的对决,其结果是少者胜而老者败。接着,他又借题发挥到他所处的时代与社会环境,因为讲究资历、学历、背景等条件,使不少有志青年屈居下寮,甚至怀才不遇。如果了解内藤湖南的经历,就不难发现,他表面上是在写诸葛孔明、论明治时代的日本,但其实都是他的"夫子自道"。

《诸葛武侯》由日本东华堂出版于明治三十年(1897),内藤湖南三十二岁,属于他所说的"少者"。当时的他,是一个只有秋田师范学校学历、漂泊东京的新闻记者,这与他出身儒者世家、自幼饱读经典、抱着青云之志进京形成了巨大的反差。因此,有人说他"从二十二岁上京到三十二岁出版《诸葛武侯》《泪珠唾珠》的十年东京生涯,是在出人头地的自我期待和无背景、无学历的劣等感之间痛苦的斗争中度过的"②。

内藤湖南生于庆应二年(1866),卒于昭和九年(1934)。他的人生也可以分为先后两部分:前半生的新闻记者生涯,长达二十年;后半生则成为日本汉学巨擘。其分界点就在明治四十年(1907),这一年,他破格成为京都帝国大学讲师。之所以说"破格",是因为他原本是没有"资格"的。

到明治中后期,近代日本已经转型为一个纯粹的学历(学位)社会,没有学历在社会上,尤其在帝国大学是难以立足的。森槐南、那珂通世因为没有帝国大学学历③,所以在东京帝国大学始终只是一名讲师,而京

---

① 加地伸行《内藤湖南的诸葛武侯论》,见拙译附录。
② 加地伸行《内藤湖南的诸葛武侯论》,见拙译附录。
③ 森槐南后来的"博士"称号是受赠的,并非真正的博士学位,况且他在受赠之后数月内就病亡了。

都帝国大学文科大学在狩野良知的领导下，虽勇于突破这种藩篱，唯才是举，也确实破格聘请了只有秋田师范学校学历的内藤湖南，但内藤氏起初仍以讲师身份入职，两年后才升任教授。然而，这样的方便法门，即使在京都帝国大学也仅有一次而已，第二年再次破格聘请同样没有正式学历的幸田露伴时，就引起了舆论界轩然大波，流言蜚语四起，幸田氏坦然辞而不就。后因京都帝国大学校长冈田良平再三敦请，京大教授会又一致通过决议，幸田氏不能再辞，方同意出任讲师，但仅一年就离职了。

原本没有资格，但最后能留在京都帝国大学，并成为京都学派主要创始者之一的，只有内藤湖南一人而已。从这个意义上说，内藤湖南何尝不是幸运的？京都帝国大学破格聘请他，何尝不是他自己所受的"三顾之恩"？他几乎实现了他所描述的诸葛孔明那样的华丽转身。只是幸福来得稍晚了一些，那是在《诸葛武侯》出版后整整十年、内藤湖南四十二岁的时候。不知道此时的内藤湖南，如果再回头来看自己十年前所作的《诸葛武侯》，会作何感想？

目前所见关于内藤湖南最详尽、系统的研究，是美国学者傅佛果所著的《内藤湖南：政治与汉学》。1980年，作者以此书获哥伦比亚大学博士学位，1984年，该书由哈佛大学出版会出版。1989年，日本平凡社出版了由井上裕正翻译的日译本。2016年，江苏人民出版社"海外中国研究系列"，又出版了陶德民的中译本。至此，该书已有英、日、中三个语种的版本，读者完全可以参照阅读，以更好地了解内藤湖南的生平与学术。当然，一千个读者就有一千个内藤湖南。如果要更为直接、更为深入地挖掘内藤湖南的思想，那就要去品味他留下的十四巨册的《全集》（筑摩书房，1966—1976年版）。为使读者更好地理解内藤湖南和《诸葛武侯》，笔者特选了《内藤湖南的诸葛武侯论》《内藤湖南》等两篇相关的文章附译在全书之后。

最后，说明一下本书的翻译和注释情况。由于近代以来日文书面语体有较大的变化，不同语体体现不同的时代风貌，为保留原貌，译文亦据原文语体译出。原著用古朴典雅的文言写成，译文亦用浅易文言，但其间又有不少从西方引进来的新词语，夹在文言句式里，译文为尊重原著起见，时或文白杂用，有不协调之感。后附的《内藤湖南的诸葛武侯论》和《内藤湖南》则用白话写成，译文也用白话。原著行文中称均称诸葛亮为"侯"，译文均作"武侯"；原著对其他人物，间用名、字、号，译文则视语境而定，叙述时多用名，以便于理解。

原著原有的少数按语等，皆在正文中以括号形式夹注，页下注均为译者所加。由于原著涉及大量的三国史料与背景，如只按照原著字面翻译，必然造成阅读和理解的不便，因此，译者注的主要内容是对原著中涉及的史实作背景知识性的补充，或对原著中某些问题稍作考证，原则上不对原著的观点作评价。译者注的初衷是为了更好地展现原著的思想内涵，但由于译者水平有限，或有漏注、误注之处，尚请大方不吝教正为幸。

内藤湖南少年时代饱读汉籍，后来又经历了一段较长时期的记者生涯，尤长于政论，故原著语言汪洋雄肆、鞭辟入里，读来颇觉畅快淋漓。只是由于译者才疏学浅，时有笔秃墨干、辞不达意之感，或不能传原韵于万一，尚祈读者诸君见宥。

张　真

写于温州大学

2018年8月20日

叙

四月某日,吾友内藤湖南将有台湾之行,复将由台湾转游中国大陆。其发东京,来浪华①,余急行东上,相逢于城外之客舍,举酒痛饮快谈,眼旷一世。如此者,凡二日二夜也。至四月十五日,湖南向云烟缥缈之际而去,余向西而归。不期再遇于朝日河畔之临江楼,二人执手,别于楠公祠②前。临别,湖南嘱余曰:"《诸葛武侯》不日将上木,《文学史论》③吕泣生叙之,此书必由吾子作叙。"余以武侯之事,尽于此书,乐为之叙,岂欲为朋党相推赞之陋也?

湖南生于奥人十轮田湖之南,故取以为号。身量短小,容貌温籍,而负豪荡之气,天性黾勉,读书日下寸余,下笔立成万言,真不可多得之材也。湖南学无定师,而通和、汉、英三学,精佛典,且巧于诗歌,岂非黾勉精研之所致耶?同人之间,洵可当此也。湖南购书,全不问价,苟合己意

---

① 浪华,大阪之古称。——译者注
② 楠公,即楠木正成(1294—1336),日本镰仓幕府末期至南北朝时期著名武将,明治时代起被尊称为大楠公。他在推翻镰仓幕府、中兴皇权中起了重要作用,日本人多比之为诸葛亮。——译者注
③ 《文学史论》,指内藤湖南所著《近世文学史论》,是一部日本近世儒学史,而非今日所谓之"文学史",由内藤湖南之友吕泣生作叙,收入《内藤湖南全集》第一卷。——译者注

者,倾囊购之不已,以珍籍奇书为富,同人中亦推湖南为第一也。

　　湖南今在台湾,供职于《台湾日报》,而将或越黄河,或渡洞庭,或入边塞酷寒之地,或登昆仑绝域之境,或洒泪定军山下,或听歌扬子江头,盖必远矣。湖南既有精研力行之天禀,若夫激之以远游感愤之情,归来挥大笔以著之,必有可传千秋之大作出,以区区《武侯传》①,不足论湖南也。

别天生　写于备前冈山②
明治三十(1897)年五月廿七日

---

① 《武侯传》,即指本书《诸葛武侯》。——译者注
② 备前冈山,日本地名,今冈山县备前市。——译者注

引 言

　　三国,千古罕觏之奇局也;武侯,千古间出之奇才也。如欲指三国之形势于掌上,照武侯之心事于秦镜,岂此区区小稿所能企耶?然禹域之形胜,素为潜心之处;武侯之遭际,素为感深之所,盖小稿于此有三致意焉。纵论其时,自小稿分内之事;若夫私淑其人,则吾岂敢耶?吾岂敢耶?

例　言

一、此书原分为二卷,初拟以一卷综合武侯传记之始终,而以一卷汇集有关武侯之评论、胜迹等。然又觉将评论、胜迹等汇集于一处,极为无趣,不若触绪属事,分插各处,反增趣致,乃变其体制,故原定一卷之篇幅已满,恰不过竟武侯前半生之事,另一卷当记武侯后半生之事,俟后出。此卷须以武侯成功之一半历史看,而另一卷当作武侯败阙之一半历史看。

一、汤浅常山①《文会杂记》云:"自古有一种使人心服之人,如汉之诸葛孔明,日本熊泽大夫等,亦似此。《朱子语类》曰,程明道②乃使人心服之人,程伊川③亦复如是,陆子静④亦能服人心。朱子所言是也。"噫!生已使其对手感叹,死后复有称颂之言,累辞叠篇,千古不绝,如此盛德,何以致之?此篇岂足以发其所以耶?唯于当时之形势,武侯品性之卓

---

① 汤浅常山,日本江户时代冈山藩士,著有《常山纪谈》。——译者注
② 程明道,即程颢(1032—1085),字伯淳,世称"明道先生",北宋著名理学家。——译者注
③ 程伊川,即程颐(1033—1107),字正叔,世称"伊川先生",北宋著名理学家,与其兄程颢并称为"二程"。——译者注
④ 陆子静,即陆九渊(1139—1193),字子静,世称"存斋先生""象山先生",南宋哲学家,心学代表人物。——译者注

然,其用舍行藏之际,聊致意焉。抑至写武侯如武侯者,非余之鄙陋所能及耳。且篇帙未具,待续篇之成,欲仰大方之指正。

一、书中有三国形势"三大时期"之论,若以此比照日本明治维新前后之变迁,第一大时期,拟嘉永癸丑(1853)以后以迄文久(1861—1863)之末,藤田东湖①、佐久间象山②乃此时期之代表人物,尚存封建士大夫之遗风,兼有改革之抱负;第二大时期,乃庆应(1865—1868)以至今日,西乡隆盛、大久保利通、木户孝允③等,为此时期之代表人物,犹三国之曹、刘诸人,而今皆逝矣。周瑜、鲁肃等辈,虽未见其恰可比拟者,然明治初年以来十七八年间之士人,其议论之所,常谋之以大局,而不弄曲技小巧,若马场辰猪之议论英发者,可作当时士人之翘楚者看;若井上梧荫,可称在荀彧、武侯之间者,盖此不过第一小期,而今方在第二小期与第三大时期之交会,伊东某某、林某某、犬养某④等辈,亦吕蒙、庞统、法正之类,而其主不过孙权、曹丕之流,盖第三大时期之弄潮者,如武侯、司马懿、陆逊之徒,尚未出也。是似无用之比拟,然论古之快,非切其身其时之快,而尚友之义,实存乎此,故试为牵合之说如此也。

一、著者今将有经南荒⑤涉禹域之志,若可踏足武侯之胜迹,得经三国风流人物龙骧虎步之地,待续篇问世之日,便可以此行之所得,补本篇之缺漏也。

一、吾年二十七岁之早春,尝吊镰仓幕府之遗迹,拜大塔宫之土窟⑥,

---

① 藤田东湖(1806—1855),日本幕末水户学代表人物,力主尊王攘夷。——译者注
② 佐久间象山(1811—1864),日本幕末思想家、兵学家,热心洋学,主张东西调和论。——译者注
③ 西乡隆盛、大久保利通、木户孝允,并称"维新三杰",是日本幕末明治时期极为重要的历史人物。——译者注
④ 伊东某某、林某某、犬养某,原文如此,"伊东某某"盖指伊东祐亨,"犬养某"盖指犬养毅,"林某某"所指何人,俟考。——译者注
⑤ 南荒,指台湾。——译者注
⑥ 大塔宫,即护良亲王(1308—1335),后醍醐天皇之皇子,早年出家,任天台座主,通称大塔宫。元弘元年(1331),元弘之变时还俗,率僧兵讨幕,后被幕府暗杀。——译者注

土花冷涩,渗气袭人。既至鹤冈祠前,一大公孙树,叶全落尽,夕阳影疏,海风鸣条,导者云,此源实朝①实被刺之处也。余慨然泣下。夫二君②之离世,年皆二十八,而回天之业,只手而成,金槐之集,犹见英风,晚出者,才劣力弱,不足以望古人,目睹其遗迹,能不心跃耶?犹灯下看霜刃,怯夫亦神往也。夜卧客舍,辗转无寐,乃作书寄大矶③吕泣生,盖有数十万言相谐也。

既以其年合,念及诸葛武侯出处之事④,思武侯躬耕于草庐、自比管乐之时,若非昭烈三顾之恩,时人不过许之徐庶、崔州平之才耳,世岂识其王佐之才,三代以来,一人而已耶?人生在世,诚有遇与不遇也。往古来今,世亦何尝无武侯,然若无昭烈,则王佐之才,长为陇亩之匹夫矣。如叶公好龙,遇真龙之下而丧气者有之;如桓温之待豪杰,遇扪虱之人⑤,而当面错过者亦有之。吾既悲如此无限王佐之才埋于陇亩之间,而武侯遇其人其时,安得为不幸耶?

今此上卷,脱稿于镰仓,感今昔、怀往来不已,征行日迫,会吕泣生养疴于大矶,乃以评阅之任相托,吕泣生读之,亦应有邻楼吹笛之情也。

著者识
明治三十年(1897)三月

---

① 源实朝(1192—1219),日本镰仓幕府第三代征夷大将军,后在参拜鹤冈八幡宫途中被其侄源公晓所刺。——译者注
② 二君,指护良亲王与源实朝。——译者注
③ 大矶,日本地名,位于神奈川县。——译者注
④ 指诸葛亮初出茅庐之年,与作者当时之年,皆二十七岁。——译者注
⑤ 扪虱之人,指东晋王猛。语出《晋书·王猛传》:"桓温入关,猛被褐而诣之,一面谈当世之事,扪虱而言,旁若无人。温察而异之,问曰:'吾奉天子之命,率锐师十万,杖义讨逆,为百姓除残贼,而三秦谊杰未有至者,何也?'猛曰:'公不远数千里,深入寇境,长安咫尺而不渡灞水,百姓未见公心故也,所以不至。'温默然无以酬之。"——译者注

第一章 武侯出生地及其世系

清乾隆帝有御制《五贤祠》诗并序云：

沂州，古琅琊郡，汉诸葛亮故里，晋王祥、王览，唐颜杲卿、颜真卿，皆产其地。旧有景贤祠合祀之，嘉其纯忠至孝，节烈彪炳，足表范人伦，纪之以诗。

王祥王览能全孝，真卿杲卿均致身。所遇由来殊出处，要推诸葛是全人。

沂州之地，有何等之灵气，能出如此之名贤耶？王祥、王览以孝友之余庆，而后嗣英才辈出：王导、王彬，东晋之名臣；羲之、献之，百代之书圣。初唐大儒颜师古之裔孙颜杲卿、颜真卿，凡此，皆沂州所出之闻人，而乾隆帝犹推诸葛是全人。况诸葛一门于三国之际，更领风骚。裴松之①注《三国志·诸葛瑾传》引《吴书》云：

初(诸葛)瑾为大将军，而弟亮为蜀丞相，二子恪、融，皆典戎马，

---

① 裴松之(372—451)，字世期，出身河东裴氏，南朝宋著名史学家，其《三国志注》与刘孝标《世说新语注》、郦道元《水经注》、李善《文选注》，并称为"四大名注"。裴氏又是史学世家，裴松之与其子裴骃、曾孙裴子野被称为"史学三裴"。——译者注

督领将帅,族弟诞,又显名于魏。一门三方为冠盖,天下荣之。

此又沂州之灵气,最钟其精之时耶?

夫王氏前有王祥、王览,后有王导、王彬、羲之、献之;颜氏前有师古,后有杲卿、真卿,而诸葛兄弟则一时皆显,岂非祖先之遗泽以致之耶?

按诸葛氏之由来,裴松之注《三国志·诸葛瑾传》引《吴书》《风俗通》之记载互有出入。《风俗通》以诸葛氏为陈涉麾下名将葛婴之后。据班固《汉书》,葛婴,符离人也,从陈涉,将兵以徇蕲东,攻铚、酂、苦、柘、谯,皆下之,至东城,立襄彊为楚王。后闻陈涉已自立为王,因杀襄彊,还报陈涉。至陈,乃为陈涉所杀。汉文帝以其有功而被诛,乃追录之,封其子孙为诸县侯,因并"诸""葛"为氏。此系《风俗通》之说,若果如此,则诸葛氏之为名族,实可远溯至嬴秦失鹿之际也。《吴书》则谓诸葛氏之先乃葛氏,本琅琊诸县人,后徙阳都,阳都先有葛氏者,时人谓之"诸葛",因以为氏,绝未及葛婴之事,故此说之虚实尚未可知。

以"诸葛"为氏之后,其世之显荣者,汉元帝时有司隶校尉诸葛丰。据《汉书·诸葛丰传》,丰字少季,琅琊人也,以明经为郡文学,有特立刚直之名,贡禹为御史大夫,除诸葛丰为属,举侍御史,汉元帝擢为司隶校尉。刺举无所避,京师为之语曰:"间何阔,逢诸葛。"汉元帝嘉其节,加秩光禄大夫。时,侍中许章以外属贵幸,奢淫不奉法度,宾客犯事,与许章相连。诸葛丰案劾许章,欲奉其事,适逢许侍中私出,诸葛丰驻车举节诏许章曰:"下!"欲收之。许章迫窘,驰车去,诸葛丰追之。许侍中因得入宫门,自归上。诸葛丰亦上奏,于是收诸葛丰节。司隶去节自诸葛丰始。诸葛丰上书谢曰:

臣丰驽怯,文不足以劝善,武不足以执邪。陛下不量臣能否,拜为司隶校尉,未有以自效,复秩臣为光禄大夫,官尊责重,非臣所当处也。又迫年岁衰暮,常恐卒填沟渠,无以报厚德,使论议士讥臣无补,长获素餐之名。故常愿捐一旦之命,不待时而断奸臣之首,悬于都市,编书其罪,使四方明知为恶之罚,然后却就斧钺之诛,诚臣所甘心也。夫以布衣之士,尚犹有刎颈之交,今以四海之大,曾无伏节死谊之臣,率尽苟合取容,阿党相为,念私门之利,忘国家之政。邪秽浊混之气,上感于天,是以灾变数见,百姓困乏。此臣下不忠之效也,臣诚耻之亡已。凡人情莫不欲安存而恶危亡,然忠臣直士不避患害者,诚为君也。今陛下天覆地载,物无不容,使尚书令尧赐臣丰书曰:"夫司隶者,刺举不法,善善恶恶,非得颛之也。勉处中和,顺经术意。"恩深德厚,臣丰顿首幸甚。臣窃不胜愤懑,愿赐清宴,唯陛下裁幸。

汉元帝不许。是后,所言益不用。诸葛丰复上书言:

臣闻伯奇孝而弃于亲,子胥忠而诛于君,隐公慈而杀于弟,叔武弟而杀于兄。夫以四子之行,屈平之材,然犹不能自显而被刑戮,岂不足以观哉!使臣杀身以安国,蒙诛以显君,臣诚愿之。独恐未有云补,而为众邪所排,令谗夫得遂,正直之路雍塞,忠臣沮心,智士杜口,此愚臣之所惧也。

诸葛丰系治,在位者多言其短。汉元帝徙诸葛丰为城门校尉,诸葛丰上书告光禄勋周堪、光禄大夫张猛。汉元帝不直诸葛丰,乃制诏御史曰:

城门校尉丰,前与光禄勋堪、光禄大夫猛在朝之时,数称言堪、猛之美。丰前为司隶校尉,不顺四时,修法度,专作苛暴,以获虚威,朕不忍下吏,以为城门校尉。不内省诸己,而反怨堪、猛,以求报举,告案无证之辞,暴扬难验之罪,毁誉恣意,不顾前言,不信之大者也。朕怜丰之耆老,不忍加刑,其免为庶人。

诸葛丰遂终老于家。
夫诸葛丰之欲收许侍中,善也;其节之失而上书,言辞慷慨,诚有烈士之风；而及其言益不为所用之时，复上书，则有昧明哲之智；又如周堪、张猛之事，以经术忠谊劾重臣之人，其犹昔誉今毁，以至于自坠操守，不独不为君所信，抑且有违于公议。子曰："枨也欲，焉得刚。"诸葛丰亦焉不免，盖其抗直有余，而学术不足所致。此后世论者之言，以知诸葛丰之为人，孰谓如此褊狭刚急（原注：即《汉书》所谓"狂瞽"）之人为武侯之祖耶？

诸葛丰之后二百年许，武侯生于汉灵帝光和四年（181）。其父名珪，字君贡，汉末为泰山丞，未得其人之详。有子三，长曰瑾，字子瑜；次曰亮，字孔明，即武侯；三子曰均。又有一女，适襄阳庞德公。

第二章　武侯少时及躬耕之时

三国魏人曹冏①著有《六代论》,指摘六代兴亡之因,谓之未必得其正鹄者虽有之,然亦非全不中肯綮。其论东汉灭亡之故云:

> 光武皇帝挺不世之姿,禽王莽于已成,绍汉嗣于既绝,斯岂非宗子之力邪?而曾不监秦之失策,袭周之旧制,踵亡国之法,而侥幸无疆之期。至于桓、灵,阉竖执衡,朝无死难之臣,外无同忧之国,君孤立于上,臣弄权于下,本末不能相御,身首不能相使。由是天下鼎沸,奸凶并争,宗庙焚为灰烬,宫室变为蓁薮,居九州之地,而身无所安处。悲夫!

曹冏之意,谓汉光武不取封建之制,以致公族权势孤弱,一旦有觊觎王室者,同姓宗室束手环视,力不能救,意在讽当时曹魏重蹈东汉之覆辙。当东汉之末,刘焉、刘璋父子据益州,刘繇为扬州刺史,刘表为荆州牧,皆称宗室之亲,而为一方之雄长,然未尝效力于倾覆之际,独仗刘虞之义,终归败亡,此宗室之必不足为恃也。

---

① 曹冏,字元首,三国曹魏宗室,其曾祖即曹操之伯祖曹叔兴,故曹冏与曹操之子曹丕为三从祖兄弟(同一高祖曹节)。曹冏有感于曹魏政权不重用宗室,因作《六代论》,建议分封宗室,授以实权,以抑制异姓权臣,巩固曹魏统治。——译者注

然曹冏论阉寺之毒则颇得之。清人赵翼①《廿二史札记》记阉寺得权之渐:西汉时,汉元帝用弘恭、石显,萧望之、周堪遭其残害。及东汉,汉和帝之收窦宪兄弟,独与宦官郑众定谋,此宦官弄权之始。邓后临朝,其权渐重。汉安帝时,宦官李闰、江京、樊丰、刘安、陈达与安帝乳母王圣、安帝舅氏耿宝、皇后之兄阎显等,比党乱政,此宦官与朝臣相倚为奸也。其后,阎显与江京合谋,诛徙樊丰、王圣等,而宦官孙程等迎立汉顺帝之后,阎显兄弟被诛杀,阎后被迁。是大臣欲诛宦官,必借宦官之力,而宦官欲诛大臣,则不必借朝臣之力。汉顺帝时,宦官张逵等竟矫诏收缚中常侍曹腾、孟贲,威渐近禁。汉桓帝诛跋扈将军梁冀于权势熏灼之日,实与宦官单超等定谋而行之,易如反掌,而单超等皆封侯,所谓"五侯"是也,至是,宦官之力能当国而诛皇亲。汉灵帝时,窦武以外戚之重,与当时士林之翘楚太傅陈蕃共谋诛宦官,反为宦官曹节、王甫等所杀。弘农王时,何后之兄何进,以大将军辅政,已诛宦官,收其所领八校尉之兵,俱在其手,而又为宦官张让、段珪等所杀。全是,军士大变,袁绍、袁术、闵贡等,因乘乱诛宦官二千余人,无论少长,皆杀之。于是,宦官之局始结,而国亦随之而亡。上述不过大略而已,而宦官之毒流于朝廷已如此之甚。

赵翼又谓,东汉、李唐、朱明三代,宦官之祸最烈,然亦有不同:唐、明乃阉寺先害国而及民,东汉则先害民而及国。赵氏并一一摘叙其实例,今尽不转引,独取刘瑜②之疏,以便概括赵氏之言也。刘疏曰:

> 中官邪孽,比肩裂土,皆竞立胤嗣,继体传爵。或乞子疏属,或买儿市道。又广娶妻室,增筑第舍。民无罪而辄坐之,民有田而强夺之。贫困之民,有卖其首级。父兄相代残身,妻孥相视分裂。③

宦官子弟宾客,依势肆横,不可胜言,由是毒遍天下,黄巾贼张角等

---

① 赵翼(1727—1814),字云崧,号瓯北,清代著名史学家、文学家,所著《廿二史札记》与王鸣盛《十七史商榷》、钱大昕《二十二史考异》并称清代三大史学名著。——译者注
② 刘瑜,字季节,汉灵帝初,为侍中,与窦武谋诛宦官,被诛。——译者注
③ 此疏引自赵翼《廿二史札记》,与《后汉书·刘瑜传》文字有出入。——译者注

遂因民怨,起兵为逆。宦官之毒,流于民生,又如此。不独此也,范晔①序《后汉书·党锢传》曰:

> 桓、灵之间,主荒政缪,国命委于阉寺,士子羞于为伍,故匹夫抗愤,处士横议,激扬声名,互相题拂,品核公卿,裁量国政。

赵翼因论曰:

> 东汉风气,本以名行相尚,迫朝政日非,则清议益峻。号为正人者,指斥权奸,力持正论,由是其名益高,海内希风附响,惟恐不及;而为所贬訾者,怨恨刺骨,日思所以倾之。此党祸之所以愈烈也。

桓帝之末、灵帝之初,两次党禁,海内义士一网打尽,而国家之正气,于斯索然焉。十数年之后,及黄巾贼起,仅赦还被徙者,而终不能挽狂澜于既倒、扶大厦之将倾。武侯所谓"亲小人,远贤臣,此后汉所以倾颓也。(中略)未尝不叹息痛恨于桓、灵也"亦实指此也。故宦寺之于东汉,犹莨莠杂于嘉禾,欲刈莨莠,竟不得不将嘉禾一并划去,亦势所必然之事。盖至是以成局面之大转变,三国虽未成形,然群雄蜂起之日,试求其脱颖而出者,或直接,或间接,皆由宦寺之祸以诱发也。董卓、曹操等因讨黄巾而显名,袁绍、袁术则因家声以诛除宦官。

武侯之生,实当此汉之季运。其出生前十四年,即汉灵帝建宁元年(168),窦武、陈蕃等欲除宦官,不克。翌年,复治钩党,杀前司隶校尉李膺等百余人。建宁四年(171),汉灵帝下敕令,唯不赦党人。其翌年,即熹平元年(172),会稽有妖贼称帝者,吴郡司马孙坚讨而斩之。孙坚,即吴主孙权之父,其以猛壮得江表之人心,以成三分之基者。熹平五年(176),党人之门生故吏、父子兄弟,悉免官,并禁锢五属②。光和元年(178),初开西邸卖官,二千石售价二千万,四百石售价四百万,卿售价五

---

① 范晔(398—445),字蔚宗,南朝宋史学家,所著《后汉书》与《史记》《汉书》《三国志》并列为"前四史"。——译者注
② 五属,即五服以内之亲属。——译者注

百万，公售价千万。侍中杨奇答汉灵帝之问，曰："陛下之于桓帝，亦犹虞舜之比德于唐尧也。"可见朝政日非。

武侯出生之年，汉灵帝列肆作后宫，贩卖诸采女，更相盗窃争斗，灵帝着商贾之服，从之饮宴为乐。又弄狗于西园，着进贤冠，带绶。又驾四驴，灵帝躬自操辔，驱驰周旋，京师转相效仿，驴价遂与马价等。其亡国之兆，历历可数，与日本相模入道①之迹相类。汉灵帝好为私蓄，收天下之珍货，郡国每贡献，先输名中署，为导行费。中常侍吕强上疏谏之，不省。

翌年，即光和五年（182），诏公卿，以谣言举刺史二千石为民之蠹害者。太尉许馘、司空张济，承望内官，收受贿赂。其宦官之子弟宾客，岁贪污秽浊，皆不敢问，而虚纠边远小郡清修惠化者二十六人。司徒陈耽上言，有"所谓放鸱枭而囚鸾凤"之语。陈耽既免，此岁起四百尺之观于阿亭道。

越二年，即中平元年（184），黄巾贼张角等乃起，于是始用吕强之言，赦党人，欲以救其之亡灭也。由是气运渐趋乱离，而汉灵帝犹造万金堂于西园，引司农金钱缯帛牣积堂中，修缮南宫之玉堂，铸铜人四尊，黄钟四座，又铸天禄、虾蟆，转水入贡，又作翻车、渴乌，洒南北郊路，以省百姓洒道之费。

中平四年（187），孙坚讨长沙贼区星，以功封乌程侯。中平五年（188），太常刘焉见王室多故，以四方之起兵寇，其根本在刺史威轻，且由所用非人，宜改置牧伯，选清名之重臣，以居其任。图谶云，益州分野有天子之气。刘焉信之，乃求为益州牧。太仆黄琬为豫州牧，宗正刘虞为幽州牧。州任之重始于此。刘焉后据有益州，传之其子刘璋，终为刘备所夺，而董卓乱后，关东同盟军劝刘虞即皇帝位，割据之渐，实兆于此际。

中平六年（189），汉灵帝崩，皇子刘辩立，即后为董卓所废之弘农王也。大将军何进谋诛宦官，事泄，反为所害，袁绍等乃尽诛宦官，至有无

---

① 相模入道，即北条高时（1303—1333），日本镰仓幕府第十四代执权。——译者注

须而遭误杀者。董卓为司空，行废立，袁绍乃出奔外郡。翌年，即汉献帝初平元年（190），关东州郡起兵讨董卓，推袁绍为盟主。由是九土茫茫，非复汉氏所有矣。此时，武侯年十岁，盖武侯之幼年，士气已消沉，土崩瓦解之势不可支，已至于此也。

武侯早年丧父。裴松之注《三国志·诸葛瑾传》引《吴书》记武侯之兄诸葛瑾"少游京师，治《毛诗》《尚书》《左氏春秋》。遭母忧，居丧至孝，事继母恭谨，甚得人子之道"。虽不详其年月，然诸葛瑾长武侯七岁，而其丧母之年在游学之后，由此推算，当不下十五六岁，则武侯尚在八九岁之幼年，其母亦丧，故武侯乃依从父诸葛玄。袁术以诸葛玄为豫章太守时，诸葛玄乃将武侯及武侯季弟诸葛均之官。武侯之姊适庞德公者，亦此时并携至也。而诸葛瑾不见与俱者，盖此时已避乱江东也。会汉廷选朱皓以代诸葛玄，诸葛玄素与荆州牧刘表有旧，乃往依之。按，刘表为荆州牧在初平三年（192），而豫章太守朱皓为笮融诈杀在兴平二年（191），故武侯从诸葛玄赴豫章，继而转依荆州，此四五年之事，即武侯十一二岁至十五岁之间也。裴松之注《三国志》引《献帝春秋》曰：

> 初，豫章太守周术病卒，刘表上诸葛玄为豫章太守，治南昌。汉朝闻周术死，遣朱皓代玄。皓从扬州太守刘繇求兵击玄，玄退屯西城，皓入南昌。建安二年正月，西城民反，杀玄，送首诣繇。

此说与《三国志·诸葛亮传》不同，不知孰是。然《诸葛亮传》唯记诸葛玄卒，而不言为人所杀，盖以诸葛玄为寿终者也。

诸葛玄卒后，武侯躬耕于陇亩，好为《梁父吟》。裴松之注《三国志·诸葛亮传》引《汉晋春秋》曰：

> 亮家于南阳之邓县，在襄阳城西二十里，号曰隆中。

裴注引《襄阳府志》曰：

> 隆中山，在襄阳府城西二十五里，孔明尝居此。府西有卧龙山，宅西有避暑台，有三顾门。

裴注引《魏略》曰：

> 亮在荆州，以建安初与颍川石广元、徐元直，汝南孟公威等俱游学，三人务于精熟，而亮独观其大略。每晨夜从容，常抱膝长啸，而谓三人曰："卿诸人仕进，可至刺史、郡守也。"三人问其所至，亮但笑而不言。

吾意此当在躬耕之前，朱璘①《诸葛丞相年谱》系之于建安三年(198)，即武侯年十八岁之时也，然未知其所据为何。

《梁父吟》传为武侯所作者，有如下一首：

> 步出齐城门，遥望荡阴里。里中有三坟，累累正相似。问是谁家墓，田疆古冶子。力能排南山，文能绝地纪。一朝被谗言，二桃杀三子。谁能为此谋，相国齐晏子。

沈德潜②云：

> 武侯好《梁父吟》，非必但指此章，或篇帙散落，唯此篇流传耳。

武侯，齐人也，自幼流寓异乡，而乡思之时，怅触其怀，乃以吟此，想望亡父母之乡。当此之时，以武侯之大才，亦不过一孤独之流民，其兄弟流离荆吴各天，相群居而不能，兵祸横溢，何以能避？所谓"苟全性命于乱世"者，盖非矫饰之言也。孟公威，名建，思乡里，欲北归，武侯谓之曰："中国饶士大夫，遨游何必故乡邪？"此裴松之注《三国志·诸葛亮传》引《魏略》之所记，裴氏辩之曰：

> 《魏略》此言，谓诸葛亮为公威计者可也，若谓兼为己言，可谓未达其心矣。老氏称"知人者智，自知者明"，凡在贤达之流，固必兼而

---

① 朱璘，字青岩，约清康熙朝前后在世，官南阳知府，著有《东湖文集》，又辑《诸葛丞相集》四卷。——译者注

② 沈德潜(1673—1769)，字碻士，号归愚，官至内阁学士兼礼部侍郎，清代诗人，著有《沈归愚诗文全集》，选有《古诗源》《唐诗别裁》《明诗别裁》《清诗别裁》等。——译者注

有焉。以诸葛亮之鉴识，其不能自审其分乎？夫其高吟俟时，情见乎言，志气所存，既已定于其始矣。若使游步中华，骋其龙光，岂夫多士能沈翳哉！委质魏氏，展其器能，诚非陈长文、司马仲达所能颉颃，而况于余哉！苟不患功业不就，道之不行，虽志恢宇宙而终不北向者，盖以权御已移，汉祚将倾，方将翊赞宗杰，以兴微继绝，克复为己任故也，岂其区区利在边鄙而已乎！此相如所谓"鹍鹏已翔于辽廓，而罗者犹视于薮泽"者矣。

武侯乃心在故乡，其吟咏之间，亦不免有故乡之事。《三国志·诸葛亮传》曰：

> （亮）身长八尺，每自比管仲、乐毅，时人莫之许也。惟博陵崔州平、颍川徐庶元直与亮友善，谓为信然。

其以管仲自比者，岂武侯亦所谓"子诚齐人也"之类，以其乡先哲之故，心眷眷之。然后世之论者，所以尽以王佐之才许之，自非霸者强国之臣可比，裴松之所谓鉴识能自审其分者，将何在耶？然武侯之治术，不无得之管仲之所，而其出处之公明，在此之前，出乐毅之右者少，则武侯性以谨慎，若徒豪言壮语，以伊尹、傅说、周公、召公自况，亦无不可，然自比管、乐，谁疑其不伦欤？

建安五年（200），武侯年二十岁，其兄诸葛瑾为孙权所用，亦在是年。《三国志·诸葛瑾传》称，诸葛瑾"避乱江东，值孙策卒，孙权姊婿曲阿弘咨见而异之，荐之于权，与鲁肃等并见宾待"。孙策之死，正在此年，而武侯犹少年，与一二友啸傲隆中外，并无可记之事。唯其娶黄承彦之丑女，宜在躬耕之际，今据裴松之注《三国志》引《襄阳记》及他记，试论其事。

《襄阳记》曰：

> 黄承彦者，高爽开列，为沔南名士，谓诸葛孔明曰："闻君择妇，身有丑女，黄头黑色，而才堪相配。"孔明许，即载送之。时人以为笑乐，乡里为之谚曰："莫作孔明择妇，正得阿承丑女。"

朱子曰：

> 孔明择妇，正得丑女，奉身调度，人所不堪。彼其正大之气，经论之蕴，固已得于天资。然窃意智虑之所以日益精明，威望之所以日益隆重者，则寡欲养心之助，与为多焉。

又，沔南之人相传：

> 诸葛公居隆中时，有客至，属妻黄氏具面。顷之，面至，侯怪其速。后潜窥之，见数木人斫麦、运磨如飞。拜求其妻，求传是术，后变其制为木牛流马。①

此系传说附会，不可轻信，故录而存之，聊博异闻耳。

且于此间考武侯出生地与流寓地之踪迹，以稽征陶冶其性情才能之外界物象。据《史记·货殖列传》《汉书·地理志》，齐之地，为天文虚、危之分野，东有菑川、东莱、琅琊、高密、胶东，南有泰山、城阳，北有千乘、清河，西有济南、平原，渤海以南有高乐、高城、重合、阳信，皆齐之分。少昊之世，有爽鸠氏；虞夏之时，有季萴；汤之时，有逢公、柏陵；殷末有薄姑氏，皆为诸侯，而以此地为国。至周成王时，薄姑氏与四国作乱，成王灭之，以封尚父，是为太公，《诗经·国风》之齐国是也。临菑原名营丘，故《齐诗》曰"子之营兮，遭我乎猺之间兮"，又曰"竢我于著乎而"。此亦其舒缓之体也。

夫齐，大国也，琅琊之去营丘，道里非密迩，风土岂小异？虽然，而此舒缓之习风，盖通国之所同，武侯之安详整暇，岂非秉齐人之气质也？吴季札闻齐歌曰：

> 美哉！泱泱乎大风也哉。表东海者，其太公乎？国未可量也。

孔子在齐闻《韶》，三月不知肉味。虞舜善美之古乐，得独存此地者，亦足征其风土之宽宏。

---

① 原文未注明出处，经查，出于范成大《桂海虞衡志》。——译者注

古有分土之说,然无分民之事。太公以齐地负海舄卤,少五谷而人民寡,乃劝以女工之业,通鱼盐之利,而人物归之,以至辐辏。后十五世,齐桓公用管仲,设轺重九府以富国,合诸侯而成伯功,故曰:"仓廪实而知礼节,衣食足而知荣辱。"管仲身在陪臣,而取三归①,故其俗弥侈,作织冰纨、绮绣、纯丽之物,号为天下之冠带衣履。

初,太公治齐,治道术,尊贤智,赏有功,故至今其土多好经术,矜功名,足智舒缓阔达。其失在夸奢朋党,以谬言行,情多虚诈,急之则离散,缓之则放纵。又好议论,安土重迁,难以动摇。怯众斗,勇持刺,故劫人者多。有大国之风。武侯之乡土,实如此之地也。

颍川、南阳,夏禹之国也,夏人尚政忠,犹太有先王之遗风,然其弊在鄙朴。秦之末世,天下不轨之民徙南阳,故其俗夸奢,好商贾渔猎藏匿,制御难也。汉宣帝时,召信臣为南阳太守,劝民农桑,行水利,禁游民露宿,课耕,储积于野,郡以殷富,号为"召父"。"君子之德风,小人之德草。"召父去末归本,其好商贾之俗变。又有杜诗为南阳太守,修陂塘灌田,比室殷足,民歌"杜母"。又有刘宽为太守,用蒲鞭辱民之过,微服间行,察吏民之良猾。又有太守羊续除奸猾,成瑨慑豪强。成瑨有功曹岑晊,为党人"八及"②之一。

两汉之际,南阳之地,实人物之渊薮,皆砥砺名节,负匡正之材。光武帝之功臣邓禹、吴汉、贾复、来歙、岑彭等,皆出于此,称东汉人才最富之地,严子陵高行之士,亦慕其余风辈出。武侯于少年名声未著之时,得其交游,其性能养成之土俗,实如此之地也。

知乎此,则武侯之驭民、制戎,巧思精细,得之其乡风;而其高卧优容,重出处,任家国之大者,得之其流寓之土俗,可以明见矣。

---

① 三归,语出《论语·八佾》:"子曰:'管仲之器小哉!'或曰:'管仲俭乎?'曰:'管氏有三归,官事不摄,焉得俭?'""三归"之意,各家说法不一,或谓娶三姓之女,或谓有三处采邑,或谓三层之台。——译者注

② 八及,指张俭、岑晊、刘表、陈翔、孔昱、苑康、檀敷、翟超,亦称"八友",见裴松之注《三国志·刘表传》引《汉末名士录》。——译者注

元人杨维桢《和梁父吟》曰：

> 步出齐城门，上陟独乐峰。梁父昂雉堞，荡阴夷鬣封。齐国杀三士，杵臼不能雄。所以梁父吟，感叹长笑翁。吁嗟长笑翁，相汉起伏龙。关张比疆治，将相俱和同。上帝弃炎祚，将星堕营中。抱膝和梁父，梁父生悲风。

此篇忖度武侯所以为《梁父吟》，有何等之感慨，且证之他日之行事，不免牵合，然亦非全不可取。请更录三士墓之由来，以资相发明：公孙捷、田开疆、古冶子，齐景公士也。勇而无礼，晏子言公："馈之二桃，计功食之。"捷、疆各言其功，不及古冶子而食桃，乃自刎，古冶子亦自刎。墓在今山东青州府临菑县。

唐人李白《读〈诸葛武侯传〉》诗曰：

> 汉道昔云季，群雄方战争。霸图各未立，割据资豪英。赤伏起颓运，卧龙得孔明。当其南阳时，陇亩躬自耕。鱼水三顾合，风云四海生。武侯立岷蜀，壮志吞咸京。何人先见许，但有崔州平。

裴松之注《三国志·诸葛亮传》引《默记》中有"虽古之管、晏，何以加之乎"之语，陈寿以武侯与咎繇、周公并论，张辅以武侯与伊、吕争俦，而不与乐毅辈为伍，由是称誉纷纷，诸如"王佐之才""当兴礼乐"之类，不胜枚举，然死后之千颂万扬，抑于武侯何加焉？当其年不过弱冠而躬耕南阳之时，自以管仲、乐毅，而许之者几无。谪仙别才，尝识汾阳王于微时①，而武侯之微时，欲拈出识才之知己，难乎其难也。盖百年之后许之王佐易，而躬耕之日许之管、乐难也。呜呼！古来惟少崔州平、徐庶，而无数卧龙，终骈死陇亩之间，然则若武侯之遇汉昭烈，得尽其才者，宁非谓至幸哉！

---

① 此事见于明人陈耀文《学圃萱苏》："郭子仪初在行伍间，李白客并州，于哥舒翰坐中见之，曰：'此壮士目光如火照人，不十年当拥节旄。'屡脱其刑责。翰因署为牙门将。后子仪戡定安史之乱，历诸道节度。及永王反，事干李白。子仪以官爵赎翰林，上许之，因而免诛。"——译者注

第三章　三顾茅庐定三分

《孟子》曰:"为渊驱鱼者,獭也;为丛驱爵者,鹯也。"董卓、袁绍,三国之獭、鹯也。刘氏失鹿,当董卓扬废立之逆焰时,与之争天下者,袁氏也。韩馥尝问诸从事曰:"今当助袁氏耶?助董氏耶?"关东州郡兵起之日,豪杰多归心于袁绍。

绝代之雄才,虽有若曹操者,然世尚未有知者,唯济北相鲍信,识其有不世出之才略耳;开江东基业之孙坚,袁术称其位不过破虏将军、豫州刺史耳;而刘玄德因公孙瓒之故得为平原相,尚在翌年也。又次年,荀彧去袁绍而归曹孟德,而狼戾之董卓被诛,王允亦不能反其正,而政落董卓部曲李傕、郭汜之手。

然山东诸将之来,固各自为利,置朝命于不顾,六七年之间,袁绍据冀州,其子袁谭据青州;公孙瓒灭刘虞,而据幽、并,号为天下最强;曹操之雄略,此时亦得稍收其效,平兖、豫二州,遂挟天子于许昌,号令四方。又,钟繇徇关中;韩遂、马腾镇甘、凉;袁术佞人据寿春,僭帝号,奢淫无度,为曹操所破,渡淮而死;江东则有孙策似父,善用兵,戡定六郡之地,定割据之基业,孙权承父兄之资,君臣坚守;刘表据荆州;刘焉、刘璋父子据益州;公孙度据辽东。虽无争衡中原之志,亦足观望成败。吕布、张绣纵横徐、豫之间，与曹氏或离或合，后吕布败亡，张绣降服，曹氏之敌，独余强袁。

是时也，得人心之妙者，大耳儿①当世无比。其归徐州牧陶谦，陶氏表其为豫州刺史；陶谦死后，刘备领徐州，为袁术所攻、吕布所袭，遂降吕布；旋又为吕布所忌，乃归曹操；曹氏表其为豫州牧，复使攻吕布，再败，为曹操所救。刘备每败，辄抛妻弃子，颠沛流离，几无宁处之日。后吕布为曹操所杀，袁术亦病死，而曹操复表刘备为左将军，礼遇甚厚。及与国舅董承谋诛曹操不成，乃走归袁绍，复为曹操所败，其股肱之将关羽为曹操所俘，妻子亦陷于曹氏之手。及刘备去袁绍而南附刘表，荆州豪杰，多趋归之，又为刘表所疑②。故陈寿评之曰："弘毅宽厚，知人待士，盖有高祖之风，英雄之器焉。"③

刘备少时好交结豪侠，善下人，喜怒不形于色，年少争附之。中山大商张世平、苏双等，贩马于涿郡，见而异之，乃多与之金财，由是得用合徒众④。其为平原相，郡民刘平素轻之，耻为之下，使客刺之，刘备不知，而待客甚厚，客不忍刺，以状语之而去。刘备内丰财施，外御寇难，士之下者，必与同席而坐，同簋而食，无所简择，众多归焉⑤。

其归陶谦，陶谦病笃之时，语糜竺曰："非刘备不能安此州也。"刘备未敢当，乃推袁术，湖海陈登、北海孔融皆强劝，不得已，乃领徐州。其归

---

① 大耳儿，指刘备。语出《后汉书·吕布传》："（曹操）乃命缓布缚。刘备曰：'不可，明公不见吕布事丁建阳、董太师乎？'操颔之。布目备曰：'大耳儿最叵信！'"按，刘备耳大，能顾自见之，见《三国志·先主传》。——译者注
② 刘备大半生虽在戎马生涯中度过，然似乎不善用兵。据统计，刘备一生共历战22次，胜9次，败13次，其中由刘备亲自督阵或指挥者17次，败9次。见张作耀《刘备传》，人民出版社2004年版，296页。与刘备同时之人对此亦有所认识，如《三国志·文帝纪》：曹丕闻刘备伐吴，谓群臣曰："备不晓兵，岂有七百里营可以拒敌者乎？"《三国志·陆逊传》：刘备伐吴，孙权命陆逊拒之，陆逊上疏曰："寻备前后行军，多败少成，推此论之，不足为戚。"裴松之注《三国志·先主传》引《傅子》：刘备袭蜀，丞相掾赵戬曰："刘备其不济乎？拙于用兵，每战则败，奔亡不暇，何以图人？"刘备凡四失妻小，八投于人，事皆见《三国志·先主传》。——译者注
③ 语见《三国志·先主传》陈寿评语。高祖，指汉高祖刘邦。——译者注
④ 事见《三国志·先主传》。——译著注
⑤ 事见裴松之注《三国志·先主传》引《魏书》。——译者注

曹操，操表为左将军，礼之愈重，出则同舆，坐则同席。曹操不以其为败军之将，而曰："今天下英雄，唯使君与操耳。本初之徒，不足数也。"①

其走青州，刺史袁谭将步骑以迎。袁谭驰使白其父袁绍，袁绍遣将道路奉迎，身去邺城二百里与刘备相见。袁绍以四世三公之胄，据冀、青、幽、并，雄视天下，而遇败逃之刘备如此之厚。

其之荆州，刘表亦自郊迎，待以上宾之礼，益其兵，使屯新野，荆州豪杰归之者日众。其得众望之归如此，而未得尺寸之地以建其业。在荆州七年，曹操刈灭袁氏，以致坐大，而刘表不能出一兵，与之相争。曹操远征乌丸，刘备说刘表趁许都空虚而袭之，刘表终不能用。要之，刘备有英雄之资，然一事无成，是何故也？

荀彧尝说曹操曰："昔高祖保关中，光武据河内，皆深根固本，以制天下，进足以胜敌，退足以坚守，故虽有困败，而终济大业。将军以兖州首事，平山东之难，百姓无不归心悦服。且河、济，天下之要地也，今虽残坏，犹易以自保，是亦将军之关中、河内也，不可以不先定。"②夫虽有雄才大略，若不先得根本之地，当战乱之际，又何以绥抚其归附之人，而得其死力，保其妻孥，安其衣食室家耶？是曹操称刘备为"吾俦"③，周瑜称其有"枭雄之姿"，又赞关羽、张飞"万人之敌"④，与其主同生死共存亡。刘

---

① 事见《三国志·先主传》。本初，袁绍字。——译者注
② 事见《三国志·荀彧传》。——译者注
③ 语见裴松之注《三国志·武帝纪》引《山阳公载记》："（曹公）船舰为（刘）备所烧，引军从华容道步归，遇泥泞，道不通，天又大风，悉使羸兵负草填之，骑乃得过。羸兵为人马所蹈藉，陷入泥中，死者甚众。军既得出，公大喜，诸将问之，公曰：'刘备，吾俦也，但得计少晚，向使早放火，吾徒无类矣。'备寻亦放火而无所及。"——译者注
④ 语见《三国志·周瑜传》："（孙）权拜瑜偏将军，领南郡太守，以下隽、汉昌、刘阳、州陵为奉邑，屯据江陵。刘备以左将军领荆州牧，治公安。（刘）备诣京见权，瑜上疏曰：'刘备以枭雄之姿，而有关羽、张飞熊虎之将，必非久屈为人用者。愚谓大计宜徙备置吴，盛为筑宫室，多其美女玩好，以娱其耳目，分此二人，各置一方，使如瑜者，得挟与攻战，大事可定也。今猥割土地以资业之，聚此三人，俱在疆场，恐蛟龙得云雨，终非池中物也。'权以曹公在北方，当广揽英雄，又恐备难卒制，故不纳。"

此处周瑜称刘备"枭雄之姿"，称关羽、张飞"熊虎之将"，而非"万人之敌"，然关、张为"万人之敌"，时人颇许之。如裴松之注《三国志·郭嘉传》引《傅子》："嘉言于太祖（指曹操）（转下页）

备无尺寸之柄,虽百折不挠,颠而复起,负天下之望,而年近天命,犹不免世间一大食客也。

天终不弃英雄也,将一大食客转成帝王之业,是以武侯授斯人。刘备之屯新野,尝问世事于司马德操。司马德操曰:"儒生俗士,岂识时务?夫识时务在乎俊杰也。此间自有伏龙、凤雏。"刘备问:"伏龙、凤雏,何许人也?"曰:"伏龙乃诸葛孔明,凤雏乃庞士元也。"此事见于裴松之注《三国志》引《襄阳记》。然《三国志·诸葛亮传》则云,徐庶见刘备,刘备器之,徐庶谓刘备曰:"诸葛孔明者,卧龙也,将军岂愿见之乎?"刘备曰:"君与俱来。"徐庶曰:"此人可就见,不可屈致也。将军宜枉驾顾之。"由是刘备遂诣诸葛亮,凡三往,乃见。而裴松之注《三国志·诸葛亮传》引《魏略》所述又有不同:

> 刘备屯于樊城。是时曹公方定河北,亮知荆州次当受敌,而刘表性缓,不晓军事。亮乃北行见备,备与亮非旧,又以其年少,以诸生意待之。坐集既毕,众宾皆去,而亮独留,备亦不问其所欲言。备性好结毦,时适有人以髦牛尾与备者,备因手自结之。亮乃进曰:"将军当复有远志,但结毦而已耶?"备知亮非常人也,乃投毦而答曰:"是何言与!我聊以忘忧耳。"亮遂言曰:"将军度刘镇南孰与曹公邪?"备曰:"不及。"亮又曰:"将军自度何如也?"备曰:"亦不如。"曰:"今皆不及,而将军之众,不过数千人,以此待敌,得无非计乎?"备曰:"我亦愁之,当若之何?"亮曰:"今荆州非少人也,而著籍者寡,平居发调,则人心不悦;可语镇南,令国中凡有游户,皆使自实,因录

(接上页)曰:'备有雄才而甚得众心。张飞、关羽者,皆万人之敌也,为之死用。嘉观之,备终不为人下,其谋未可测也。'"《三国志·程昱传》:"太祖(指曹操)征荆州,刘备奔吴。论者以为孙权必杀备,昱料之曰:'孙权新在位,未为海内所惮,曹公无敌于天下,初举荆州,威震江表,权虽有谋,不能独当也。刘备有英名,关羽、张飞皆万人敌也,权必资之以御我。难解势分,备资以成,又不可得而杀也。'"裴松之注《三国志·先主传》引《傅子》:"征士傅干曰:'刘备宽仁有度,能得人死力。诸葛亮达治有变,正而有谋,而为之相;张飞、关羽勇而有义,皆万人之敌,而为之将。此三人者,皆人杰也。以备之略,三杰佐之,何为不济乎?'"《三国志·张飞传》:"初,飞雄壮威猛,亚于关羽,魏谋臣程昱等咸称羽、飞万人之敌也。"陈寿亦评曰:"关羽、张飞皆称万人之敌,为世虎臣。羽报效曹公,飞义释严颜,并有国士之风。"——译者注

以益众可也。"备从其计,故众遂强。备由此知亮有英略,乃以上客礼之。

裴松之注《三国志·诸葛亮传》引《九州春秋》所言亦如此。二书所记,与《诸葛亮传》《襄阳记》均不同,裴松之辨曰:

> 亮(出师)表云"先帝不以臣卑鄙,猥自枉屈,三顾臣于草庐之中,咨臣以当世之事",则非亮先诣备,明矣。

以武侯之行事总而考之,岂妄干求人主,而轻其出处之义者耶? 又,其思虑青雀,上表弱主①,非枉顾事实而自夸其词者,故《魏略》之不可信,可知矣。且世言陈寿与武侯有仇,故作传有贬辞,此说不能得其实②。陈寿心服诸葛之事,赵翼《廿二史札记》已辨之矣。又,陈寿上《诸葛亮集》于晋廷,撰《益部耆旧传》,可见其由蜀入晋之后,犹有夸饰故乡之情。此与二陆③之于吴相类,然陈寿又非强欲为蜀相诸葛亮回护者,故《三国志·诸葛亮传》所记,盖近其实也。

司马德操"伏龙、凤雏"之语,亦自有出处。裴松之注《三国志·庞统传》引《襄阳记》曰:

> 诸葛孔明为卧龙,庞士元为凤雏,司马德操为水镜,皆庞德公语也。德公,襄阳人。孔明每至其家,独拜床下,德公初不令止。德操尝造德公,值其渡沔,上祀先人墓,德操径入其室,呼德公妻子,使速作黍,"徐元直向云有客当来就我与庞公谭"。其妻子皆罗列拜于堂下,奔走供设。须臾,德公还,直入相就,不知何者是客也。德操年小德公十岁,兄事之,呼作庞公,故世人遂谓庞公是德公名,非也。

---

① 弱主,指蜀汉后主刘禅。——译者注
② 事见《晋书·陈寿传》:"父为马谡参军,谡为诸葛亮所诛,寿父亦坐被髡,诸葛瞻又轻寿;寿为亮立传谓'亮将略非长,无应敌之才',言'瞻惟工书,名过其实',议者以此少之。"按,诸葛瞻,诸葛亮子。——译者注
③ 二陆,指陆机、陆云,出身名门,祖陆逊,父陆抗,皆东吴重臣。吴亡,二陆隐退故里,闭门勤学。晋武帝太康十年(289),二陆入洛,几令三张(张载、张协、张亢)减价。——译者注

德公子山民，亦有令名，娶诸葛孔明小姊，为魏黄门吏部郎，早卒。子涣，字世文，晋太康中为牂柯太守。统，德公从子也，少未有识者，惟德公重之，年十八，使往见德操。德操与语，既而叹曰："德公诚知人，此实盛德也。"

水镜，又作"水鉴"，以其有知人之鉴况也。或谓刘表累召庞德公，不应，遂移妻子隐于鹿门山下。襄阳府城之南有岘山，即晋羊祜堕泪碑所在之处，其南有庞德公宅旧址云。庞德公之事，并司马德操荐武侯等事，更容后文再辨。

武侯之见刘备也，刘备屏人而谓曰："汉室倾颓，奸臣窃命，主上蒙尘。孤不度德量力，欲信大义与天下，而智术短浅，遂用猖獗，至于今日。然志犹未已，君谓计将安出？"①察其口气，有肃然若就严师而质教之处。

刘玄德亦久历世故而阅人多矣，往往以其迟钝之貌为利，翻弄他人于应接之间，真老狐狸也。其对曹孟德"今天下英雄，唯使君与操耳"之语，方食而失匕箸，而曰："圣人云：'迅雷风烈必变'，良有以也。一震之威，乃可至于此也！"②曹操观此，殆以为刘备非盖世之英雄也。然刘备又时有极口骂人之事，若其曾对许汜曰："如小人，欲卧百尺楼上，卧君于地，何但上下床之间邪？"③英气发露，殆不能掩。今乃以四十七之年、左将军之位，而对二十七岁之乡野匹夫，谨敕乞教，敬意备至者，其善下于

---

① 事见《三国志·诸葛亮传》。——译者注
② 事见裴松之注《先主传》引《华阳国志》。——译者注
③ 事见《三国志·陈登传》："许汜与刘备并在荆州牧刘表坐，表与备共论天下人。汜曰：'陈元龙（译者按：陈登字）湖海之士，豪气不除。'备谓表曰：'许君论，是非？'表曰：'欲言非，此君有善士，不宜毁言；欲言是，元龙名重天下。'备问汜：'君言豪，宁有事邪？'汜曰：'昔遭乱过下邳，见元龙。元龙无客主之意，久不相与语，自上大床卧，使客卧下床。'备曰：'君有国士之名，今天下大乱，帝主失所，望君忧国忘家，有救世之意，而君求田问舍，言无可采，是元龙所讳也，何缘当与君语？如小人，欲卧百尺楼上，卧君于地，何但上下床之间邪？'表大笑。备因言曰：'若元龙文武胆志，当求之于古耳，造次难得比也。'"宋词人辛弃疾名作《水龙吟·登建康赏心亭》化用此典故，曰："求田问舍，怕应羞见，刘郎才气！"——译者注

人之性,加之司马德操、徐元直之称扬于前也。又,其数顾而始得与语,亦非武侯迥异于当时士子热衷功名利达乎?

武侯答曰:"自董卓以来,豪杰并起,跨州连郡者,不可胜数。曹操比于袁绍,则名微而众寡,然操遂能克绍,以弱为强者,非惟天使,抑亦人谋也。今操已拥百万之众,挟天子而令诸侯,此诚不可与争锋。孙权据有江东,已历三世,国险而民附,贤能为之用,此可以为援,而不可图也。荆州北据汉、沔,利尽南海,东连吴、会,西通巴、蜀,此用武之国,而其主不能守,此殆天所以资将军,将军岂有意乎? 益州险塞,沃野千里,天府之土,高祖因之以成帝业。刘璋暗弱,张鲁在北,民殷国富,而不知存恤,智能之士,思得明君。将军既帝室之胄,信义著于四海,总揽英雄,思贤如渴,若跨有荆、益,保其岩阻,西和诸戎,南抚夷越,外结好孙权,内修政理;天下有变,则命一上将将荆州之军,以向宛、洛,将军身率益州之众,出于秦川,百姓孰敢不箪食壶浆以迎将军者乎? 诚如是,则霸业可成,汉室可兴矣。"刘备称善。于是与武侯情好日密。关羽、张飞等不悦,刘备解之曰:"孤之有孔明,犹鱼之有水也。愿诸君勿复言。"关、张乃止。① 事盖在建安十二年(207)也。

此所谓"隆中对"也,即三分之本谋。至其言语,颇疑或为史氏之修饰者也。何以知之? 荆州此时犹有刘表,其曰"其主不能守",正若指其子刘琮乃豚犬耳;其曰益州"智能之士,思得明君",似逆睹张松等奉迎刘备之事。虽欲显武侯之明,然其指画宁勿太过乎? 是所以其知为武侯成功后之修辞也。

然至其大意,恐又大抵亦如是。何以言之? 通天下大势者,其所见略同也。时有鲁肃在吴,其决胜之才,果锐之气,或有逊于周瑜之处,而其通事局之大体,至明帝王之远略,则过于周瑜,固非吕蒙等辈以区区小刀细工事之之徒可比也。其初见孙权,便以汉高祖之业说之,鼎足江东,

---

① 事见《三国志·诸葛亮传》。——译者注

以观天下之衅,伐刘表,竟长江之所极,劝孙权据而有之。其闻刘表死,又以荆州之要害为帝王之资说孙权,以刘备为天下之枭雄,宜察其意之所向,劝孙权急为措置。①

鲁肃初见孙权之时,刘备未有尺寸之土,所谓鼎足之语,虽非明三分之意,然审形势者,着眼于荆楚,当时皆然。三妙过绝于人之少年英俊沈友②,亦以宜并荆州之计说孙权;甘宁亦曰荆州为国之西势③。是又自有其故也。

叶适④曰:"汉之末年,荆楚甚盛,不惟民户之繁实,地著充满,而材智勇力之士,森然出于其中,孙、刘资之以争天下。及其更唐、五代,不复振起,今皆为下州小县,乃无一士生其间者。"盖地气之盛衰,与时迁移,今据《汉书·地理志》及《后汉书·郡国志》之所载,举示户口之蕃耗,其方土盛衰之状,便可了然。而余之本意,实以审汉末之现况,以《后汉书·郡国志》为主,照之以《汉书·地理志》,是观察形势最为切要也,故不必

---

① 事见《三国志·鲁肃传》。——译者注
② 三妙过绝于人,指沈友笔之妙、舌之妙、刀之妙,皆过绝于人。事见裴松之注《三国志·吴主传》引《吴录》:"友字子正,吴郡人。年十一,华歆行风俗,见而异之,因呼曰:'沈郎,可登车语乎?'友逡巡却曰:'君子讲好,会宴以礼,今仁义废迟,圣道渐怀,先生衔命,将以裨补先王之数,整齐风俗,而轻脱威仪,犹负薪救火,无奈更崇其炽乎!'歆惭曰:'自桓、灵以来,虽多英彦,未有幼童若此者。'弱冠博学,多所贯综,善属文辞,兼好武事,注《孙子兵法》。又辩于口,每所至,众人皆默然,莫与为对,咸言其笔之妙、舌之妙、刀之妙,三者皆过绝于人。(孙)权以礼聘,既至,论王霸之略,当时之务,权敛容敬焉。陈荆州宜并之计,纳之。正色立朝,清议峻厉,为庸臣所谮,诬以谋反。权亦以终不为己用,故害之,时年二十九岁。"——译者注
③ 事见《三国志·甘宁传》:"宁陈计曰:'今汉祚日微,曹操弥骄,终为篡盗。南荆之地,山陵形便,江川流通,诚是国之西势也。宁已观刘表,虑既不远,儿子又劣,非能承业传基者也。至尊当早规之,不可后操图之。图之之计,宜先破黄祖。祖今年老,昏耄已甚,财谷并乏,左右欺弄,务于货利,侵求吏士,吏士心怨,舟船战具,付顿废不修,急于耕农,军无法伍,至尊今往,其破可必。一破祖军,鼓行而西,西据楚关,大势弥广,即可渐规巴、蜀。'"——译者注
④ 叶适(1150—1223),字正则,号水心居士,力主抗金,反对和议。开禧北伐失败后,出任沿江制置使等职,节制江北诸州。因军政措置得宜,曾屡挫敌军锋锐,累迁至江淮制置使。韩侂胄被诛后,叶适以"附韩侂胄用兵"罪名被弹劾,夺职奉祠长达十三年。晚年居永嘉水心村,世称水心先生。著有《水心先生文集》《水心别集》《习学记言》等。叶适是南宋思想家、文学家、政论家,永嘉学派集大成者,与朱熹理学、陆九渊心学三足鼎立,对后世影响极为深远。——译者注

其烦,细记每一州郡。读者若以本书之说形势,或有一二可取之处,再参照下表,益得其妙。

《后汉书·郡国志》		《汉书·地理志》	
司隶校尉部		司隶校尉部	
河南尹(原注:后汉都城洛阳所在地)		河南尹	
户	口	户	口
208486	1010827	276444	1740279
河内郡		河内郡	
户	口	户	口
159770	801558	241246	1067097
河东郡		河东郡	
户	口	户	口
93543	570803	236896	962912
弘农郡		弘农郡	
户	口	户	口
46815	199113	118091	475954
京兆尹		京兆尹(原注:前汉都城长安所在地)	
户	口	户	口
53299	285574	195702	682468
左冯翊		左冯翊	
户	口	户	口
37090	145195	235101	917822
右扶风		右扶风	
户	口	户	口
17352	93091	216377	836070
合计			
户	口	户	口
616355	3106161	1519857	6682602

续表

《后汉书·郡国志》		《汉书·地理志》	
豫州刺史部		豫州刺史部	
颍川郡		颍川郡	
户	口	户	口
263440	1436513	432491	2210973
汝南郡		汝南郡	
户	口	户	口
404448	2100788	461587	2596148
梁国		梁国	
户	口	户	口
83300	431283	38709	106752
沛国		沛郡	
户	口	户	口
200495	251393	409079	2030480
陈国		淮阳国	
户	口	户	口
112653	1547572	135544	981423
鲁国		鲁国	
户	口	户	口
78447	411590	118045	607381
合计			
户	口	户	口
1142783	6179239	1595455	8533157
冀州刺史部		冀州刺史部	
魏郡		魏郡	
户	口	户	口
129310	695606	212849	909655
巨鹿郡		巨鹿郡、广平国	

续表

《后汉书·郡国志》		《汉书·地理志》	
户	口	户	口
109517	602096	183935	1025735
常山国		常山郡、真定国	
户	口	户	口
97500	631184	178867	856572
中山国		中山国	
户	口	户	口
97412	658195	168073	668080
安平国		信都国	
户	口	户	口
91440	655118	65556	304384
河间国		河间国	
户	口	户	口
93754	634421	45043	187663
清河国		清河郡	
户	口	户	口
123964	760418	201774	875422
赵国		赵国	
户	口	户	口
32719	188381	84202	349952
渤海郡		渤海郡	
户	口	户	口
132389	1106500	256377	905119
合计			
户	口	户	口
908005	5931919	1396676	6082582

续表

《后汉书·郡国志》		《汉书·地理志》	
兖州刺史部		兖州刺史部	
陈留郡		陈留郡	
户	口	户	口
177529	869433	296284	1509050
东郡		东郡	
户	口	户	口
136088	603393	401297	1659028
东平国		东平国	
户	口	户	口
79012	448270	131753	607976
任城国（原注：分东平国）			
户	口		
36442	194156		
泰山郡		泰山郡	
户	口	户	口
8929	437311	172086	726604
济北国（原注：分泰山郡）			
户	口		
45689	235897		
山阳郡		山阳郡	
户	口	户	口
109898	606091	172847	801288
济阴郡		济阴郡	
户	口	户	口
123715	657554	290025	1386278

续表

《后汉书·郡国志》		《汉书·地理志》	
合计			
户	口	户	口
727202	4082105	1583346	6690224
徐州刺史部		徐州刺史部	
东海郡		东海郡	
户	口	户	口
148784	706416	358414	1559357
琅琊郡		琅琊郡、城阳国	
户	口	户	口
20804	570967	285608	1284884
彭城国		楚国	
户	口	户	口
86170	493027	114738	497804
广陵郡		广陵郡、泗水国	
户	口	户	口
83907	410190	61798	259836
下邳国		临淮郡	
户	口	户	口
136389	611083	268283	1237764
合计			
户	口	户	口
476054	2971683	1088841	4839645
青州刺史部		青州刺史部	
济南国		济南郡	
户	口	户	口
78544	453308	140761	642884

27

续表

《后汉书·郡国志》		《汉书·地理志》	
平原郡		平原郡	
户	口	户	口
155588	1002658	154387	664543
乐安郡		千乘郡	
户	口	户	口
74400	424075	116727	490720
北海国		北海国、菑川国、胶东国、高密国	
户	口	户	口
158641	853604	289822	1336057
东莱郡		东莱郡	
户	口	户	口
104297	484393	103292	502693
齐国		齐郡	
户	口	户	口
64415	491765	154826	554444
合计			
户	口	户	口
635885	3709803	959815	4191341
荆州刺史部		荆州刺史部	
南阳郡		南阳郡	
户	口	户	口
528551	2439618	359316	1942051
南郡		南郡	
户	口	户	口
162570	747604	125579	718540

续表

《后汉书·郡国志》		《汉书·地理志》	
江夏郡		江夏郡	
户	口	户	口
58434	265467	56844	219218
零陵郡		零陵郡	
户	口	户	口
212284	1001578	21092	139378
桂阳郡		桂阳郡	
户	口	户	口
135029	501403	28119	156488
武陵郡		武陵郡	
户	口	户	口
46672	250913	34177	185758
长沙郡		长沙国	
户	口	户	口
255854	1059372	43470	235825
合计			
户	口	户	口
1399394	6265955	668597	3597258
扬州刺史部			
九江郡		九江郡	
户	口	户	口
89436	432426	150052	780525
丹阳郡		丹阳郡	
户	口	户	口
136518	630545	107541	405170
庐江郡		庐江郡、六安国	
户	口	户	口
101392	424683	162728	635949

续表

《后汉书·郡国志》		《汉书·地理志》	
会稽郡		会稽郡	
户	口	户	口
123090	481196	223038	1032604
吴郡(原注:分会稽郡)			
户	口		
164164	700782		
豫章郡		豫章郡	
户	口	户	口
406496	1668906	67462	351965
合计			
户	口	户	口
1021916	4338538	760822	3200213
益州刺史部		益州刺史部	
汉中郡		汉中郡	
户	口	户	口
57344	267402	101570	300614
巴郡		巴郡	
户	口	户	口
310691	1086049	158643	708148
广汉郡		广汉郡	
户	口	户	口
139865	509438	167499	662249
蜀郡		蜀郡	
户	口	户	口
300452	1350476	268279	1245929

续表

《后汉书·郡国志》		《汉书·地理志》	
犍为郡		犍为郡	
户	口	户	口
137713	411378	109419	489486
牂牁郡		牂牁郡	
户	口	户	口
31523	267253	24219	153360
越嶲郡		越嶲郡	
户	口	户	口
130120	623418	61208	408405
益州郡		益州郡	
户	口	户	口
29036	110802	81946	580463
永昌郡（原注：分益州郡）			
户	口		
231897	1897344		
广汉属国都尉			
户	口		
37110	205652		
蜀郡属国			
户	口		
111568	475629		
犍为属国			
户	口		
7938	37187		
合计			
户	口	户	口
1525258	7242028	972783	4548654

续表

《后汉书·郡国志》		《汉书·地理志》	
凉州刺史部		凉州刺史部	
陇西郡		陇西郡	
户	口	户	口
5628	29637	53964	236824
汉阳郡		天水郡	
户	口	户	口
27423	130138	60370	261348
武都郡		武都郡	
户	口	户	口
20102	81728	51376	235560
金城郡		金城郡	
户	口	户	口
3858	18947	38470	149648
安定郡		安定郡	
户	口	户	口
6094	29060	42725	143294
北地郡		北地郡	
户	口	户	口
3122	18637	64461	210688
武威郡		武威郡	
户	口	户	口
10043	34226	17581	76419
张掖郡		张掖郡	
户	口	户	口
6552	26040	24352	88731

续表

《后汉书·郡国志》		《汉书·地理志》	
酒泉郡		酒泉郡	
户	口	户	口
12707	阙	18137	76726
敦煌郡		敦煌郡	
户	口	户	口
748	29170	11200	38335
张掖属国			
户	口		
4656	16952		
张掖居延属国			
户	口		
1560	4733		
合计			
户	口	户	口
102493	419298	372636	1517573
并州刺史部		并州刺史部	
上党部		上党部	
户	口	户	口
26222	127403	73798	337766
太原郡		太原郡	
户	口	户	口
30902	200124	169863	680488
上郡		上郡	
户	口	户	口
5169	28599	103683	606658

续表

《后汉书·郡国志》		《汉书·地理志》	
西河郡		西河郡	
户	口	户	口
5698	20838	136390	698836
五原郡		五原郡	
户	口	户	口
4667	22957	39322	231328
云中郡		云中郡	
户	口	户	口
5351	26430	38303	173270
雁门郡		雁门郡	
户	口	户	口
31862	249000	73138	293454
定襄郡		定襄郡	
户	口	户	口
3153	13571	73138	163144
朔方郡		朔方郡	
户	口	户	口
1987	7843	34338	136628
合计			
户	口	户	口
115015	902865	707394	3321572
幽州刺史部		幽州刺史部	
涿郡		涿郡	
户	口	户	口
102218	633754	195607	782764
广阳郡		广阳国	
户	口	户	口
44550	280600	20740	70658

续表

《后汉书·郡国志》		《汉书·地理志》	
代郡		代郡	
户	口	户	口
20123	126188	56771	278754
上谷郡		上谷郡	
户	口	户	口
10352	51204	36008	117762
渔阳郡		渔阳郡	
户	口	户	口
68456	435740	68802	264111
右北平郡		右北平郡	
户	口	户	口
9170	53475	66689	320780
辽西郡		辽西郡	
户	口	户	口
14150	81714	72654	352325
辽东郡		辽东郡	
户	口	户	口
64158	81714	55972	271539
玄菟郡		玄菟郡	
户	口	户	口
1594	43163	45006	221845
乐浪郡		乐浪郡	
户	口	户	口
61492	257050	62812	406748

续表

《后汉书·郡国志》		《汉书·地理志》	
辽东属国			
户	口		
阙	阙		
合计			
户	口	户	口
396263	2044602	681061	3088286
交州刺史部		交州刺史部	
南海郡		南海郡	
户	口	户	口
71477	250282	19613	94253
苍梧郡		苍梧郡	
户	口	户	口
111395	466975	24379	146160
郁林郡		郁林郡	
户	口	户	口
阙	阙	12415	71162
交趾郡		交趾郡	
户	口	户	口
阙	阙	92440	746237
合浦郡		合浦郡	
户	口	户	口
23121	86617	15398	78980
九真郡		九真郡	
户	口	户	口
46513	209894	35743	166013

续表

《后汉书·郡国志》		《汉书·地理志》	
日南郡		日南郡	
户	口	户	口
18263	100676	15460	69485
合计			
户	口	户	口
270769	1114444	215448	1372290
总计		总计①	
户	口	户	口
9698630	49150220	12233062	59594978

《汉书·地理志》所示为前汉平帝元始二年(2)天下州郡户口,而《后汉书·郡国志》所据则为后汉顺帝永和五年(140)之状况,此间相距殆一百四十年左右。夫汉之极盛,实在前汉之季年,元始年间(1—5)之户口数,唐宋以前,无能过之,然历新莽之纷更,虽有光武中兴,而不能致前时之隆盛。后汉桓帝永寿二年(156)有户二六〇七〇九〇六,口五〇〇六六八五六,是后汉之极盛,犹不及前汉。

故据上列之户口表,观其蕃耗之迹,十三州中有九州之郡国,较之前时,大抵皆减,独扬、荆、益、交四州,耗郡少而蕃郡多,而荆、益之繁殖,又其最著者也。自永和五年(140)至建安十二三年(207—208),亦殆阅六十年,黄巾起义以来,天下汹扰,户口之增减,必显而大也。而荆、益二州,常免于中原之兵祸,文人学士之归荆州者,以千计;三辅、南阳之流民入益州者,数万家。凡此类事,往往为史所不记,则荆、益之视他州,益致殷富,可以知其微者矣。

若言其险要,则贯于大江之中,错于五溪之外;汉水为带,衡岳为镇,洞庭、云梦为池;荆州当巴蜀之冲,郧阳绾商陕之要;襄樊枕北河洛,辰沅

---

① 此两处总计似有误,据译者统计,《后汉书·郡国志》总计户9337392,口48308640;《汉书·地理志》总计户12522731,口57671397。——译者注

蔽南滇黔；郴永上连两粤，蕲黄下接三吴；地之四通八达，莫若荆楚。中原有事，必争荆楚，盖襄郧为全楚之首领，江陵为全楚之腰腹，蕲黄为全楚之肘腋，其以泽国，耕稼甚饶，一岁再获，故菽粟饶足，柴桑、吴越多仰给。谚曰："湖广熟，天下足。"荆楚土地广沃，更兼长江转输便易，非他省可比云也。

说者谓四川之形胜：北走秦凤，有铁山剑阁之塞；东下荆襄，有瞿塘滟滪之险；南通六诏，有泸水大峨之固；西拒吐蕃，有石门崆峒之障。重山叠岭，深溪大川，环绕境内，有石穴数千里，而土壤沃饶，材物殷富，号为天府，故蜀民不苦外寇，然如有奸雄作于内，悬车束马，势不相及，猝难定者也。

又云，江南所恃者，固长江也，四川据上游以临吴楚，其势足以夺长江之险。云南之地，亦崇山萦涧，林箐深茂，金碧之所产，岁无酷寒盛暑，田野广沃，称南徼①之乐土。古之益州，实包川滇之利。

是鲁肃所以于刘表之死，料刘备或将得其地，谋与结盟好，殆此时鲁肃胸中，亦画有三分之局矣。况武侯固为刘备谋，则荆、益之地气人力方兴未艾，而无用之之人，其终不免朵颐，岂谁曰不宜耶？曹操所以虽遭赤壁之败，而不敢弃江陵襄阳；刘备赤壁之战后，所以直定荆南四郡，不敢捐荆州与吴人；关羽殁后，其所以急于报其仇，欲复夺荆襄也；又所以其不许吴人越荆襄而经略益州；武侯所以先定南中，而为兵粮充足之计；皆察险要之所存，阅户口之多寡，便可得其解也。

抑刘表之为人，贾诩论之于数年之前，曰："平世三公之才也，见事变，疑多而无决，无能为也。"彼实东汉名士之遗老，"八及""八顾"②，均在

---

① 南徼，南方边陲，南部边疆。——译者注
② 八及、八顾，《三国志·刘表传》：刘表"少知名，号八俊"。裴松之注引《汉纪》："表与同郡人张隐、薛郁、王访、宣靖、公绪恭、刘祗、田林为八交，或谓之八顾。"又引《汉末名士录》："表与汝南陈翔字仲麟、范滂字孟博、鲁国孔昱字世元、渤海苑康字仲真、山阳檀敷字文友、张俭字元节、南阳岑晊字公孝，为八友。"盖"八及""八顾"者，与同郡人之谓也；"八友"者，不限于同郡也。——译者注

其列。其之状貌，能为儒雅雍容之态，是亦司马德操所谓儒生俗士、不识时务者，生于乱世之少年后进，如诸葛武侯等，练熟于应对当时机局之识略，彼等早已笑刘表踞用武之国，而不敢一投足于中原；而洞见刘表虽为荆州之主，一旦遭受侵袭，必不能守。刘璋不武柔弱，亦世所夙传，刘焉卒后，其所以立为益州刺史，乃赵韪之力也，后赵韪欺刘璋温仁，起兵谋叛①。武侯乃稔闻于此际之信息者，是武侯"跨有荆益"之谋所以立也。

武侯所谓不可与曹操争锋者，亦与鲁肃"操不可卒除"之言合；武侯所谓孙权可与为援而不能图者，鲁肃亦以为刘备宜抚安而结盟好，如其克谐，则天下克定，故赤壁之联盟，鲁肃闻刘表之死，直赴荆州吊丧，在刘备败亡之前，亦在曹操南下荆州之前。俊杰之所见，其如此相符，鲁肃之识，真不可侮也。唯武侯欲兴复汉室，而鲁肃未闻有此，是二者之大不同，然一为刘氏谋，一为孙氏谋，焉知易地而不然耶？

抑鼎足者，固一时之权宜，不过以此建其经略之基，武侯之本意不在此，是不必赘言。邓芝使吴时，孙权谓邓芝曰："若天下太平，二主分治，不亦乐乎？"邓芝对曰："夫天无二日，土无二王，如并魏之后，大王未深识天命者，君各茂其德，臣各尽其忠，将提枹鼓，则战争方始耳。"②此非独使者应对、不辱君命之言，况武侯鞠躬尽瘁、死而后已者，正以汉贼不两立之故，岂以割据一方、自保窟穴为志耶？唯武侯之策，先定三分，乃时局之所至，若以鼎足之计，乃谓武侯之志在此，是误之甚也。朱璘辨之云：

> 草庐定策，特指当日时势而言之也，而后乃适如其说焉耳，若夫限于鼎足，岂孔明志哉？说者谓其非惟人事，亦知天象，此囿于气数之见也。成败利钝，非所逆睹，孔明固已言之矣。观其所谓天下有

---

① 裴松之注《三国志·刘二牧传》引《英雄记》曰："先是，南阳、三辅人流入益州数万家，收以为兵，名曰东州兵。璋性宽柔，无威略，东州人侵暴旧民，璋不能禁，政令多阙，益州颇怨。赵韪素得人心，璋委人之。韪因民怨谋叛，乃厚赂荆州请和，阴结州中大姓，与俱起兵，还击璋。蜀郡、广汉、犍为皆应韪。璋驰入成都城守，东州人畏糜，咸同心并力助璋，皆殊死战，遂破反者，进攻韪于江州。韪将庞乐、李异反杀韪军，斩韪。"——译者注

② 事见《三国志·邓芝传》。——译者注

变,则由荆以向宛洛,由益以出秦川,限于鼎足,岂孔明志哉?夫当日天下已变矣,而若以为未变者,盖犹有献帝在也。未变则霸业可成,有变则汉室可兴,尊王复仇,此即自比管乐之微意也,限于鼎足,岂孔明志哉?

故知"跨有荆益"之谋,是为兴复汉室之基本,以三分断武侯之器局,固误武侯之本志者也。①

读者须知,此时曹操席卷之处,已跨司隶、豫、幽、并、冀、兖、青、徐八州;而孙氏盘踞之地,已有会稽、吴郡、丹阳、豫章、庐江诸郡;益州有刘璋,而张鲁割汉中,蜀郡、广汉、犍为诸郡,动易扰乱,若南中四郡,固其号令未至之所;荆州有刘表,而其江夏有黄祖;凉州有马超、韩遂。江东六郡,乃孙策所定,其庐陵郡乃孙氏分豫章郡而置也,非汉朝旧有,交州亦未归孙氏。

刘备以一代枭雄,又以近天命之年,而能听一黄口儒生,至拜之为宾师,其善下于人之美性,虽云得之天,亦足千古之仪范者。荀彧从曹孟德之时,年二十九,孟德年三十六,而曰:"吾之子房也。"②固亦奇其才,然未若刘备、孔明年纪之悬绝,而敬意备至,虽周武王之于尚父,亦不能过也。

夫下贤退能,在位者之常戒,吐哺握发,以天下士待之,亦何难之有?儒士往往为此等之言,然亦有以彼等阔于世情者。且观今日之所谓元勋诸老者,其间亦不乏庸劣之辈,彼自恃埋头刀笔簿册间二三十年之经历,不知其所为每多失败之迹,而自谓堪当国家燮理之任也,绝无虚心下气、

---

① 陈寿亦以"亮之素志,进欲龙骧虎视,苞括四海;退欲跨陵边疆,震荡宇内",而非止于鼎足三分,其所以未能北定中原、兴复汉室者,因诸葛亮之才"于治戎为长,奇谋为短,理民之干,优于将略;而所与对敌,或值人杰;加寡众不侔,攻守异体。故连年动众,未能有克",然诸葛亮亦不得已也,"昔萧何荐韩信,管仲举王子城父,皆忖己之长,未能兼有故也。亮之器能政理,抑亦管、萧之亚匹也,而时之名将无城父、韩信,故使功业陵迟,大义不及邪?"语见《三国志·诸葛亮传》陈寿上《〈诸葛亮集〉表》。其本传评亦称诸葛亮"可谓识治之良才,管、萧之亚匹矣,然连年动众,未能成功,盖应变将略,非其所长欤!"——译者注
② 事见《三国志·荀彧传》。——译者注

礼遇后进、用其策画之意。且今之后进，有用世之望者，大抵在四十岁前后，而非二十七八岁，至二三十岁志壮气锐之士，概斥为白面书生、不谙世故。

殊不知，世运之转移，其治平之日，大抵以每三五十年为一期，而起变态，当其动荡扰乱之际，十年或十五年，便面目全非，以致旧物荡然，决非希觏之事。则四五十岁之人，耳目犹习闻惯睹前代之风者，其处当世，往往不免不容枘凿，而二三十岁少壮锐果之士，经其时运之陶化，以奋天禀之才能，反有奇中，往古来今，不乏其例。是故上下情意不相通，不平之声载于道，世态觥觩，不能贴静，而当局者，其缘何不审尔尔。由是可知刘备之过人者，远矣。

武侯由是感激，遂许之以驱驰，抑岂偶然哉！刘备名噪一时、声望倾世，为一世所惮，而武侯不避其身不过乡野匹夫，年不过二十七八之少年后进，为之纵论天下大势，若诲小儿，皆欲深酬其知遇之恩所致也。宋人胡寅①曰：

> 君子有言"刘备敏于曹操"，世多未喻。愚谓："英雄豪杰，周游中土，莫不以人才为急。曹操下荆州，所得者韩嵩、蒯越、和洽、王粲之徒，而天下第一流，乃为玄德所得有，吴魏诸臣，无能为对。'备敏于曹操'，殆是谓邪？"

此论可与后文引录赵翼论三国人主之用人相参看。

且刘备信义著于四海，贤士大夫归趋之，若以水就下，彼未得一撮土，以为基业之资，终年营营，东投西靠，竟无所称，而武侯之策，正投其病，与之药石者。武侯明指刘备之病，以五十年落拓之身，闻武侯"跨有荆益""三分天下"之说，盖亦瞿然而悟其生平失计之所由，真有拨云雾见青天之感。其所谓"孤之有孔明，犹鱼之有水也"，即状此时之喜：似涸辙

---

① 胡寅(1098—1156)，字明仲，世称致堂先生，著作有《论语详说》《读史管见》《注叙古千文》《斐然集》等。——译者注

之鱼,恐呴濡不给之日,卒而得西江之水,儵然畅游其间,决非泛泛情欢之虚辞也。

其后,荆州为曹操所破,而刘备不取刘琮而自代者,特因刘表之遗恩而不忍为,非不欲取荆州也,故赤壁之战后,便求都督荆州于孙权。而周瑜专为孙氏谋,实不欲资刘备以地,而有"养虎"之语①。唯鲁肃心胸宏阔,通一时之权宜,素以三分之计存乎方寸,借地于刘备,为曹氏树敌、为自家树党之策也②。曹操闻孙权以土地业刘备,方作书,落笔于地③。

夫唯英雄知英雄,深知刘备成败之故者,当时未有若曹孟德也。唯其深知之,故亦能审其病,刘备见事迟,根基险要之地未建,恢弘其业之计不可知,是曹孟德所以坐成其大。曹操能睹其明,今天下未平,兵锋新折于东南,而又闻其大敌得荆州险要之地,彼之落笔于地者,乃一夺魄之叹息也。而武侯所以使刘备陶然心醉者,其一即在能针砭刘备深患之大病也。

武侯识见之超卓,虽曰天授,然凡人养其识力之所,其所居之地亦与大力焉。隆中之地,武侯在陇亩之间,而能通天下之事势,果何由如此耶?此亦颇可稽征。武侯流寓之地,其治在襄阳,襄阳之形胜,曾闻之于计东④。其《筹南论》曰:

> 楚之兴也,以其灭郧子之国,而有襄阳;灭夔子之国,而有夷陵,故并秦始为二虎。及其亡也,北献上庸于秦,使秦得开武关而南下;

---

① 语出裴松之注《三国志·鲁肃传》引《江表传》:"初,瑜疾困,与权笺曰:'瑜以凡才,昔受讨逆殊特之遇,委以腹心,遂荷荣任,统御兵马,志执鞭弭,自效戎行。规定巴蜀,次取襄阳,凭赖威灵,谓若在握。至以不谨,道遇暴疾,昨自医疗,日加无损。人生有死,修短命矣,诚不足惜,但恨微志不展,不复奉教命耳。方今曹公在北,疆场未静;刘备寄寓,有似养虎。天下之事,未知终始,此朝士旰食之秋,至尊垂虑之日也。鲁肃忠烈,临事不苟,可以代瑜。人之将死,其言也善,倘或可采,瑜死不朽矣。'"——译者注
② 事见裴松之注《三国志·鲁肃传》引《汉晋春秋》:"吕范劝留备,肃曰:'不可。将军虽神武命世,然曹公威力实重,初临荆州,恩信未洽,宜以借备,使抚安也。多操之敌,而自为树党,计之上也。'(孙)权即从之。"——译者注
③ 事见《三国志·鲁肃传》。——译者注
④ 计东(1625—1676),字甫草,号改亭,明末清初学者、诗人,著有《改亭集》。——译者注

西失夷陵于秦,使秦得浮岷江而东下,而楚郢全震矣。

刘表之初踞荆州,蒯越亦劝其北据襄阳,南据江陵,其余荆州八郡,传檄而定。及刘琮之举襄阳而降操,操乘胜顺流南下,大败于江夏而归也,宜计不返顾,乃尚命曹仁死守江陵,乐进死守襄阳,则操之于荆楚,虽当极败,而不忘后图,所以为守者极密。后竭瑜、亮之力,止得江陵、夷陵,而襄阳不可复觊,故吴、蜀终不能越此而侵魏。魏之所以制吴、蜀之命者,襄阳也,则操之才,其于天下形势揽之确,握之固,后虽瑜、亮、羽、蒙竭智力以争之,不得也。

至于晋之谋吴,则命羊祜镇襄阳,及其灭吴,又命贾充仗节出襄阳,为诸君节度。而东晋以荆楚为西门,得以保此西门者,始有桓宣守襄阳,继有桓温镇襄阳也。而桓温之师,得东至灞上,修洛阳诸陵;柳元景之师,得直据潼关,而战于陕下。南国之立威于北者,惟此二举,而非藉襄阳之形势,师可以进乎?

苻坚窥晋之初,亦知命重兵陷襄阳,执朱序矣,以此浮汉入江,桓冲将求死不得,乃徒引军而归,则其失策已甚,固不俟淝水丧师,而后知其亡也。后萧衍之难篡,起兵襄阳;隋之灭陈,唐之灭萧铣,皆出师襄阳。

至于南宋初立,赵鼎、张浚辈,所疾呼以图固守者,唯曰襄阳噤喉地也。一时中兴诸将,称开扩功者,岳飞第一,则以命飞镇襄阳,原授以进取中原之势,四战之地。及灭金之后,孟珙收复襄阳,吕文焕继之。当时元之侵宋,誓必破襄城而后南下,至攻之五年不克而去,亦以必破此南下,然后内无顾忧也。而刘整策之,亦曰攻宋方略,宜先从事襄阳,既已破襄,则阿里海崖以为汉水上流,已为我有,顺流下驱,宋必可灭。自是果破鄂破郢,无不应手捽毙。虽言者纷纷,曰锁汉口岸,曰城荆门州,而元人破襄,竟从鄂、郢直下,至江陵于后,而不顾矣。

合观乎数朝之往辙有如此,而谓襄阳不扼全楚之名,臣不敢

43

信也。

蔡方炳①亦曰：

> 天下之要害，一曰荆州。自武昌而至江陵，东通吴会，西连巴蜀，南极湖湘，北控关洛，人皆知为荆湖之险也，然不知所以为襄汉之计，非知荆湖之险者也。吴人不得襄阳，杜预成江陵之捷，盖弃襄阳，则荆湖必不能以自固矣。陶侃使元宣镇襄阳，赵人不敢越汉沔而取荆，则荆襄之相为用，又可睹矣。

由是可知，襄阳之地，实禹域险要之中枢，四方形胜之交会，坐此而按天下之大势者，其于经略八荒，若掌上观纹。武侯身在陇亩，而得为通当时急务之俊杰者，未必非其所居之地以启之也。

此时，刘表听继室之言，溺爱少子刘琮，不喜长子刘琦。刘琦亦素深器武侯，每与之谋自安之术，武侯辄拒塞，未与处画。盖处人生骨肉之际，有甚为难者，倘有一言失宜，将陷人于不义，以武侯之谨慎，其不为刘琦处画者，在此也。刘琦乃邀武侯游观后园，共上高楼，饮宴之间，命人去梯，因谓武侯曰："今日上不至天，下不至地，言出子口，入于吾耳，可以言未？"武侯答曰："君不见申生在内而危，重耳在外而安乎？"②

是实不唯安危之故，亦不陷刘表于不慈，不陷刘琦于不孝，武侯思虑之周到，至见全人骨肉之谊者，且武侯将助刘备取荆州，其与刘琦交亲，虽为行谋之便，不得已而为之，亦刘琦本不欲固守荆州，而武侯方为刘备之谋急，遂有此等之处画，亦未可知也。刘琦意感悟，阴规出计。会黄祖为孙氏所破，死，遂袭其后，出为江夏太守。按，黄祖之死，在建安十三年（208）春，则武侯为刘琦谋，在建安十二年（207）之内也。

裴松之注引《三国志·诸葛亮传》引《蜀记》曰：

---

① 蔡方炳（1626—1709），字九霞，号息关，明末清初学者，著有《耻存斋集》，增订《广舆记》《铨政论》《历代茶榷志》《马政志》《愤肪编》等。——译者注
② 事见《三国志·诸葛亮传》。——译者注

晋永兴中，镇南将军刘弘至隆中，观亮古宅，立碣表闾，命太傅掾犍为李兴为文曰："天子命我，于沔之阳，听鼓鼙而永思，庶先哲之遗光，登隆山以远望，轼诸葛之故乡。盖神物应机，大器无方，通人靡滞，大德不常。故谷风发而驷虞啸，云雷升而潜鳞骧；挚解褐于三聘，尼得招而褰裳；管豹变于受命，贡感激以回庄；异徐生之摘宝，释卧龙于深藏；伟刘氏之倾盖，嘉吾子之周行。夫有知己之主，则有竭命之良，固所以三分我汉鼎，跨带我边荒，抗衡我背面，驰骋我魏疆者也。英哉君子，独含天灵。岂神之祇，岂人之精？何思之深，何德之清！异世通梦，恨不同生。推子八阵，不在孙、吴；木牛之奇，则非般模。神弩之功，一何微妙；千井齐甃，又何秘要。昔在颠、夭，有名无迹，孰若吾侪，良筹妙画。臧文既没，以言见称；又未若子，言行并征。夷吾反坫，乐毅不终；奚比于尔，明哲守冲。临终受寄，让过许由；负扆莅事，民言不流。刑中于郑，教美于鲁；蜀民知耻，河渭安堵。匪皋则伊，宁彼管、晏；岂徒圣宣，慷慨屡叹。昔尔之隐，卜惟此宅，仁智所处，能无规廓。日居月诸，时殒其夕，谁能不殁，贵有遗格。惟子之勋，移风来世，咏歌余典，懦夫将厉。濯哉邈矣，厥规卓矣，凡若君子，难可究已。畴昔之乖，万里殊途；今我来思，觌尔故墟。汉高归魏于丰沛，太公五世而反周，想罔两以仿佛，冀影响之有余。魂而有灵，岂其识诸？"

裴松之注引《晋书》云："李兴，密之子，一名安。"李密，即以《陈情表》名世之孝子也。

据《广舆记》，南阳府城西南有卧龙岗，即武侯躬耕之处，其上有草庐旧址，又有武侯庙、昭烈庙；而襄阳府城之北亦有隆中山，下即武侯隐居之所，有三顾门，又云府城西南有武侯庙，其曰武侯寓居南阳之时，往来隆中。此与《襄阳府志》之说，稍有异同，未知孰是。据明人李东阳、王直等所记，南阳府城之西，卧龙岗乃草庐之旧址，元至大（1308—1311）中，建祠祀武侯，又置书院。元人程钜夫①《诸葛书院碑》，盖为之作也。其文曰：

窃道周道既衰，孔子作《春秋》，而万世君臣之法定。曹操篡窃，群雄并起而争之，《春秋》几废。先主揭大义，发大号，再造刘氏。侯首称"汉贼不两立，王业不偏安"，间关百折，期复汉祚，《春秋》之义，焕然复明。至今三尺之童，犹知贼曹而帝汉者，侯之功也。《传》曰"有功于民，则祀之"，侯之功万世之功也，于祀为宜，祀于居为尤宜。呜呼！我朝圣祖神孙，武定文承，薄海内外，罔不臣妾，诸学子以及有位之人，师圣人之道，仰大贤之业，夙兴夜寐，可不思庙学之所以建，圣天子之所以命，岂徒夸前人耸后观哉！所以教天下知为君臣之道也。

明初，祠毁，洪熙（1424—1425）、宣德（1426—1435）间，知府陈正伦、陈悌相继修葺，由是以来，以每年八月二十八日为祭，事见王直、李东阳所作之祠记，乃录于下。

王直②《重修武侯祠记》曰：

南阳郡城西，有阜隆然而起，曰卧龙岗。汉诸葛武侯尝居于此，故即其地，建祠祀焉。元至大中，河南行省平章政事何玮，行部谒祠下，病其狭，乃下有司，广而祠之，东建书院，以设官养士。事闻于朝，赐名曰武侯之祠。世移岁久，祠虽幸存，日就颓毁。

洪熙元年五月，太守陈君正伦始至谒，而周视祠宇萧然，不蔽风雨，退而叹曰："侯之德业在天下，当百世祀之，况其所居之地乎？今祠如此，何足以竭虔妥灵？"乃于农隙，伐材命工，撤而新之，以八月二十八日，告祠以落其成。率郡县僚属，奉少牢致祭，拜跽有位，荐奠有所，进退周旋，克中仪度。郡之人士，皆欣然称叹，曰："陈公为此，其可谓尚德之君子矣。"因请予记，以维持之。

予谓先王之道，以明伦为本。周衰，王者之迹熄，至秦极矣。汉

---

① 程钜夫（1249—1318），号雪楼，元代名臣、文学家，著有《雪楼集》。——译者注
② 王直（1379—1462），字行俭，号抑庵，明代重臣、学者，著有《抑庵集》《抑庵后集》。——译者注

兴，学者复得闻先王之说。至光武、明、章，其道庶几明矣，士之出于其时者，皆秉礼义，徇名节，纲常之际，截乎不敢紊也。降及灵、献，大盗继起。建安以来，曹氏最为雄盛，逞其诈力，以诱胁天下，豪杰之士，莫不折而从之，其所图者，皆僭窃暴悖之事。逮华歆之志得，李伏之说行，而三纲绝矣。当是时，莫有非之者，虽吴国多才，亦委曲顺从之不暇。是天下之人，皆沦于逆理乱常之规，独侯奋励，图复汉室，毅然以诛曹为心，出师二表，正名定分，凛乎王者之师，使天下之人晓然知曹氏为贼，纲常之道，赖以不泯。后之君子，因是以正谊明道，以扶世立教，则侯之功大矣，岂特与劳定国、死勤事、御大灾、捍大患者比与？虽百世祀之可也。

且尝游处乎此，神之所顾怀，民之所向慕，焄蒿凄怆，如或见之，则严祀之以示教焉，盖宜矣。今之为郡县者，于有司之事部，使者之督责，尚勉勉焉有未至。若先生之祀，学校之政，亦有怠而废者，其能崇先贤，以仪后进，若正伦者，诚所谓尚德者哉。正伦，庐陵人，繇监察御史至今官。

李东阳①《重修武侯祠堂记》曰：

君子之用世，必心存乎正，则其献为功业，光明俊伟，天下信之，后世知之。苟所存不正，则其所为虽偶合幸中，而疵颣罅漏，掩匿之不暇，纵使欺于一人，不能逃乎万人之目；诳于一时，不能免于万世之口。此诸葛武侯之忠，所以通天地、贯金石、历今古而犹存也。

昔公当汉祚倾危之日，虽在畎亩，而扶颠拨乱，已预定于胸中。顾以献帝之身，方堕于曹贼之手，失国寄命，无复有可为之势，帝胄之贤，无出昭烈右者，故委身而从之。当是时，苟可以存汉，虽万乘有不暇顾，一刘璋宜无足恤，璋固拥兵坐视，遣使致敬于贼者也。及魏丕篡

---

① 李东阳(1447—1516)，字宾之，号西涯，明代重臣，茶陵派代表诗人，著有《怀麓堂稿》《怀麓堂诗话》《燕对录》等。——译者注

立,昭烈顾命,侯益自奋激,佐庸主而不隳其志,累蹶累进,毙而后已,是其心始终存汉,可谓正矣。若泣廖立,死李严,屈司马懿而不敢动者,岂独其催强胜利之力邪?亦平生忠义激发而詟伏之耳。若彼荀彧者,以沟渎之经,为成仁取义之举,虽幸免于涑水之论,而竟黜于考亭之笔,岂非自失其正,以贻天下后世之议哉!或不足道也。以张子房之忠,报韩扶汉,世所并称,然究其心,亦不免以漱济正,未若侯之纯乎正也。程子谓其有王佐之心者,其以是夫,故后之学者,当以侯为正。

南阳府城西五里卧龙岗,为草庐旧址。元建祠祀之,又置书院,设山长,聚徒讲薛,给田数百顷。国初祠毁,宣德间,知府陈正伦、陈悌,相继修葺,岁以八月二十八日为武忌辰,而致祭焉。

明人史东昌《诸葛武侯卧龙岗碑文》曰:

古今相业,如伊尹、周公尚矣,其后如武侯,虽三分鼎足,难与殷、周比隆,而千载之下,溯其事功,则与伊、周无异。余曩役楚道,经龙岗、白水之墟,谒侯祠,未有言也。明年癸丑,来守此邦,仰止高风,有可阐扬其梗概者。

侯生于汉末,群雄并起,侯躬耕南阳,不求闻达,迨玄德以中山靖王之裔,藉司马德操之鉴,顾侯于草庐之中,咨询时务,于是蓦尔孤穷,跨荆襄,王汉中,七擒而天威著,六出而奇才服,蜀之虎即岗之龙也。开诚心,布公道,尽忠义,善无微不褒,恶无微不贬,侯之为相然矣。尤不可及者,小心谨慎,夙夜忧勤,受命以来,惟恐付托未效。出师二表,如揭日月,而行中天,忠贞昭格,简在帝心,与负扆临朝,徙桐迁义,直精契而神孚焉。惜天不祚汉,侯乃告终,王业偏安,仅绍正统,时也,数也。侯之所能者人,而所不能必者天也。

予不敏,又有覃怀之命,再拜龙岗,用勒斯言,侯其式凭之。

此等文辞,往往不足诵,所以不避其繁而录之者,以其关乎武侯之遗迹也。

明人杨士奇①《诸葛武侯庙铭》曰：

> 惟忠武侯，丁汉之季，愍汉之疆，瓜分鼎峙。奋起隆中，扶日当空，志靖九围，俾之混同。再表出师，有虔秉钺，火德既衰，捶之弗熠。师进于渭，星陨于营，混一之志，溃于垂成。卧龙之岗，实公旧庐，昔有祠宇，久为榛芜。贤侯作守，知政先务，构之途之，丹雘如故。乃洁罇罍，乃声笙镛，乃饎乃饔，乃享新宫。惟祀之崇，惟公之劝，春兰秋菊，终古盥荐。

此篇亦似作于陈正伦修祠之际者，而较之以上诸篇，尤为可取。

此外，宋以来吟咏武侯之诗作甚夥，略举于后。

宋人苏轼《隆中》诗曰：

> 诸葛来西国，千年爱未衰。今朝游故里，蜀客不胜悲。谁言襄阳野，生此万乘师。山中有遗貌，矫矫龙之姿。龙蟠山水秀，龙去渊潭移。空余蜿蜒迹，使我寒涕垂。

“谁言襄阳野，生此万乘师。”然襄阳之野，适足以生此万乘之师耳，其所感慨者，比之李白，白岂诗无敌？实亦其眼识无敌也。

元人周伯琦②《题南阳诸葛庙》诗曰：

> 剑江春水绿沄沄，五丈原头日又曛。旧业未能归后主，大星先已落前军。南阳祠庙荒求草，西蜀关山隔暮云。正统不惭传万古，莫将成败论三分。

沈德潜以此诗收于杨升庵③作中，而评曰：“古来武侯庙诗，以此章为

① 杨士奇（1366—1444），名寓，号东里，明代重臣、学者，主修《明太祖实录》《明仁宗实录》《明宣宗实录》。——译者注

② 周伯琦（1298—1369），字伯温，号玉雪坡真逸，元代书法家、学者，著有《六书正伪》《说文字原》。——译者注

③ 杨升庵，即杨慎（1488—1559），字用修，号升庵，明代文学家。所作《廿一史弹词》中原为“说秦汉”的《临江仙》，后被清代文学批评家毛宗岗移置《三国演义》卷首，得以广为流传，而原为“说三分两晋”的《西江月》，则被蔡元放移置《东周列国志》卷首。——译者注

最,情韵声律,无一不合也。或云,此升庵录元人作。"

明人徐光宗《怀卧龙岗》诗曰:

　　自谒先主像,春光半月归。谁知松壑梦,犹向草庐飞。

清人江天淯《题卧龙岗》诗曰:

　　丞相躬耕处,苍茫见草庐。吟深智勇寂,卧稳淡宁居。汉业存幽愫,王图出绪余。使非臣主契,终向陇头锄。

清人王士正①《卧龙岗》诗曰:

　　五丈原头望,秋风落大星。空留高卧处,古柏日冥冥。

王士正又有《隆中》诗曰:

　　咫尺隆中路,如闻梁父吟。地传龙卧久,山接鹿门深。遗憾留关陇,高风澈汉阴。沔江流不尽,西望一沾襟。

清人徐嘉炎②有《卧龙岗》诗二首:

　　层岗体势独盘纡,吊古徘徊识草庐。梁父歌吟谁解得,庞公品藻竟何如。留连白水真人地,仿佛桐江隐士居。见说卧龙遗址在,云台尘迹付丘墟。

　　羁栖元直愧同俦,邂逅逢君第一流。事业迥堪追管乐,才名宁屑傲应刘。新疆已见蚕丛开,古道曾无杜宇愁。起蛰风雷需一夕,清时鱼水足千秋。

清人李来章③《游卧龙岗》诗曰:

　　迢递崇岗带郭开,草庐南对白河隈。三农终老平生志,二表争

---

① 王士正,即王士禛(1634—1711),字子真,号阮亭,又号渔洋山人,清初著名诗人,与朱彝尊并称为"南朱北王",主"神韵说";又好笔记,善书法。著有《池北偶谈》《香祖笔记》等。——译者注
② 徐嘉炎(1631—1703),字胜力,号华隐,清初诗人,著有《抱经斋诗集》。——译者注
③ 李来章,字礼山,清初诗人、学者,曾主南阳书院,著有《礼山园文集》《洛学编》等。——译者注

光绝代材。古柏萧森龙尚卧,新秋飒爽客初来。欲亲拂拭搜残碣,先采芳英荐酒杯。

清人袁虞尊《吊卧龙岗》诗曰:

为吊先生客隐乡,山川犹足旧南阳。辍耕陇上风云起。抱膝庐中日月长。惟有经权真学问,自能出处不寻常。遥遥秦蜀祠堂在,陇亩千秋只此岗。

清人刘师恕①《卧龙岗武侯祠》诗曰:

祠堂旧是栖迟地,门外曾停三顾车。自信君臣并鱼水,不教莘渭擅耕渔。大星堕地终炎祚,古柏参天傍草庐。魏殿吴宫俱泯灭,荒岗犹峙劫灰余。

清人凌如焕②《题隆中草庐》诗曰:

摄衣岘山巅,停舟鹿门涘。凭吊草庐人,抱膝山之趾。烛照天下事,未尝一挂齿。一朝感知遇,卧龙挟云起。攘外遏强寇,安内辅孺子。伊吕良可追,管乐讵足拟。二表泣鬼神,耿耿光青史。命毕五丈原,恨流江汉水。当年有鹿公,陇上秉良耜。足已外无求,民物捐敝屣。惟公立谈时,决策扶炎纪。闭户不失人,救世不枉己。缅怀三代下,谁许齐一揆。用行而舍藏,庶乎子渊氏。

沈德潜评此诗云:"忠武自比管乐,少陵比以伊吕,而此以子渊氏拟之,行藏合宜,所谓易地则皆然也,尚论古人,正须放眼力。"朱璘于此遂有武侯学颜渊之论,以其论太过头巾道学气,故不录。

襄阳府治之东,有刘琦台,即刘琦与诸葛亮谋自安之计处云。

---

① 刘师恕(1678—1756),字秘书,号艾堂,清初大臣、学者,著有《赐谷堂诗》。——译者注
② 凌如焕,字琢成,号榆山,清初诗人、书法家。——译者注

第四章　赤壁之战

武侯既与刘备相得,然将欲行成其谋,未有不恤也。翌年,即建安十三年(208),曹操自为丞相,北击乌桓,灭袁绍二子以还,作玄武池,以肄水师,盖以将有事于南方也。

夫南方群雄,唯荆州刘表,与中原最近。刘表实据襄阳之形胜,加之刘备依附于此,而曹操之所畏,天下无出刘备之右者。当曹操与袁绍相争之时,刘备尝与董承等谋而图之,董承谋败被杀,曹操将击刘备,诸将谏其先事袁绍,曹操曰:"夫刘备,人杰也,今不击,必为后患。袁绍虽有大志,而见事迟,必不动也。"①刘备遂败,乃奔袁绍,复归刘表。七年之间,刘表礼重之而不用。裴松之注《三国志·先主传》引《九州春秋》曰:

> 备在荆州数年,尝于表坐起至厕,见髀里肉生,慨然流涕。还坐,表怪,问备,备曰:"平常身不离鞍,髀肉皆消。今不复骑,髀里肉生。日月若驰,老将至矣,而功业不建,是以悲耳。"

夫刘表唯外礼刘备,不忍趁其孤穷而害之,然内实阴御之,故刘备之功业,益以陵迟,而曹操于此间坐大,以至独霸北方。然刘备之善得人

---

① 事见《三国志·武帝纪》。——译者注

心,素为曹操所知,一旦荆襄有变,刘备成其事,则曹操夜眠不能贴席矣,是故北方既平,辄先加兵荆襄,去其肘腋之患,势之必然也。马超、韩遂,虽跋扈于关陇,然彼等固非有远略者;刘璋处僻远,加以不武,不足为论;若江东孙权,年已弱冠,若欲取其地,则自荆襄而下,甚得其便;故曹操所以先击刘表,击刘表而所以先击刘备,以刘备为平生之敌手也。是故,刘表虽死,其豚犬之子①刘琮举荆州献曹操,而曹操犹穷追刘备不已,欲趁此机以定江东,故刘备虽窘蹙,北走燕,南走越,而曹操终不放过,欲一举包有东南形胜也。

夫狮儿②孙策已死,江东之众,不复窥视中原,孙策遗之以辅孙权者,曹操特知张昭、张纮耳,眼中岂有周瑜小儿耶?其由江陵东下,意谓孙氏必束手就擒,故曹操之料东南,必非迂疏,若无周瑜、鲁肃,虽刘备之雄,武侯之智,亦无所施也。唯时局之变,以曹公之多智,亦有审之不得之处。彼能料张昭、张纮,能料刘备、关、张,而不能料武侯、周瑜、鲁肃。其如火之势,忽折向东南,而武侯之本谋,乃成于万死之余。

是年秋,曹操击刘表,未至,而刘表病卒。初,刘琦出为江夏太守,闻刘表病甚,还省疾。刘琦性慈孝,刘表妻弟蔡瑁、外甥张允素于刘表前毁恶刘琦,恐刘琦见刘表,父子相感,更有托后之意,乃谓刘琦曰:"将军命君抚临江夏,为国东藩,其任至重;今释众而来,必见谴怒,伤亲之欢心,以增其疾,非孝敬也。"遂遏于户外,使不得见刘琦流涕而去③。刘表既卒,

---

① 语出裴松之注《三国志·孙权传》引《吴历》:"曹操曰:'生子当如孙仲谋,刘景升儿子若豚犬耳!'"
② 狮儿,当作"獅儿",语出裴松之注《三国志·孙策传》引《吴历》:"曹公闻策平定江南,意甚难之,常呼'獅儿难与争锋也'。"唯《三国演义》第二十九回:曹操知孙策定江东,叹曰:"狮儿难与争锋也!"——译者注
③ 事见裴松之注《三国志·刘表传》引《典论》。此事又见于《后汉书·刘表传》:"又(刘表)妻弟蔡瑁及(刘表)外甥张允并得幸于表。(中略)及表病甚,琦归省疾,素慈孝,允等恐其见表而父子相感,更有托后之意,乃谓琦曰:'将军命君抚临江夏,其任至重。今释众擅来,必见谴怒。伤亲之欢,重增其疾,非孝敬之道也。'遂遏于户外,使不得见。琦流涕而去,人众闻而伤焉。遂以琮为嗣。"《三国志》未言张允为刘表外甥,而《后汉书》言之,所据盖上引曹丕《典论·奸谗篇》,前有"刘表长子曰琦,表始爱之,称其类己。久之,为少子琮纳后妻蔡氏之侄。至蔡氏有宠,其弟蔡瑁、表甥张允,并幸于表。惮琦之长,欲图毁之。而琮日睦于蔡氏,(转下页)

而蔡瑁、张允等，遂以刘琮为嗣。刘琮以侯印授刘琦，刘琦怒而投之于地，伪辞奔丧，内有讨蔡瑁、张允之意，会以曹操军至，不果①。

章陵太守蒯越，乃刘表之谋士，与从事中韩嵩、东曹掾傅巽等，共说刘琮降曹。刘琮曰："今与诸君据全楚之地，守先君之业，以观天下，何为不可乎？"傅巽对曰："逆顺有大体，强弱有定势。以人臣而拒人主，逆也；以新造之楚而御国家，其势弗当也；以刘备而敌曹公，又弗当也。三者皆短，欲以抗王兵之锋，必亡之道也。将军自料何与刘备？"刘琮曰："吾不若也。"傅巽曰："诚以刘备不足御曹公乎，则虽保楚地，不足以自存也；诚以刘备足御曹公乎，则备不为将军下也。愿将军勿疑。"刘琮从之。九月，曹操至新野，刘琮遂举州降曹②。

时刘备屯于樊城，而刘琮不敢告，刘备亦不知，久之乃觉，遣所亲问刘琮。刘琮令其属官宋忠诣刘备宣旨。是时，曹操已在宛城，刘备乃大惊骇，谓宋忠曰："卿诸人作事如此，不早相语，今祸至方告我，不亦太剧乎？"引刀向宋忠曰："今断卿头，不足以解忿，亦耻大丈夫临别复杀卿辈！"遣宋忠去，乃呼部曲议。或劝刘备劫将刘琮及荆州吏士，径南到江陵。刘备曰："刘荆州临亡托我以孤遗，背信自济，吾所不为，死何面目以见刘荆州乎！"③遂将其众去。过襄阳时，武侯说之曰："今攻刘琮，荆州可有。"刘备曰："吾不忍也。"乃驻马呼刘琮，刘琮惧，不能起④。刘备乃过辞刘表墓，遂涕泣而去⑤。

夫刘琮已背信弃义，而荆州将归敌手，武侯欲于此际行其本谋，虽匆

（接上页）允、瑁为之先后。琮之有善，虽小必闻；有过，虽大必蔽。蔡氏称美于内，瑁、允叹德于外，表曰然之，而琦益疏矣。出为江夏太守，监兵于外。瑁、允阴司其过阙，随中毁之。美无显而不掩，阙无微而不露。于是表忿怒之色日发，消让之书日至，而琮坚为嗣矣。故曰容刀生于身疏，积爱出于近习，岂谓非邪？昔泄柳、申详，无人乎穆公之侧，则不能安其身。君臣则然，父子亦犹是乎？"等语，见严可均编纂《全上古三代秦汉三国六朝文》。——译者注
① 事见曹丕《典论·奸谗篇》，严可均编纂《全上古三代秦汉三国六朝文》。——译者注
② 事见《三国志·刘表传》。——译者注
③ 事见裴松之注《三国志·先主传》引《汉魏春秋》。——译者注
④ 事见《三国志·先主传》。——译者注
⑤ 事见裴松之注《三国志·先主传》引《典略》。——译者注

卒之间,不遗机局之大。而应急之才,非刘备之所长,其取益州之时,辄不决大事,诸谋臣劝之再三乃从,且其所言,发情义之诚,武侯亦不能强之,而踌躇之顷,曹操将至,是其谋所以不行也。襄阳一失于曹,刘备虽有赤壁之捷,遂不能克复之;当关羽威震华夏之时,一拔襄阳,而寻败亡;故此险要之地,遂全委于敌手。异日武侯北伐中原,必出陇右而取迂路,以滋其艰难者,由此一着之失也。其不审形胜之说者,将武侯此时劝刘备攻刘琮之语轻轻看过,往往议其趁人之丧而夺其地之不义,故聊辨之耳。

刘备南撤之时,荆州人多归之。比至当阳,众十余万,辎重数千两,日行十余里,别遣关羽乘船数百艘,使会于江陵。盖其陆行,徒迁延时日,恐为曹操所乘,或谓刘备曰:"宜速行保江陵,今虽拥大众,被甲者少,若曹公兵至,何以拒之?"刘备曰:"夫济大事,必以人为本,今人归吾,吾何忍弃去!"①

裴松之注《三国志·先主传》引习凿齿论曰:

> 先主虽颠沛险难而信义愈明,势逼事危而言不失道。追景升之顾,则情感三军;恋赴义之士,则甘与同败。观其所以结物情者,岂徒投醪抚寒、含蓼问疾而哉!其终济大业,不亦宜乎!

先生者,刘备也,其后称帝于成都,谥号汉昭烈帝,史称"先主"。景升,刘表之字也。

此时,刘琮旧将王威说刘琮曰:"曹操得将军既降,刘备已走,必懈弛无备,轻行单进,若给威奇兵数千,徼之于先,操可获也。获操,即威振四海,坐而虎步,中夏虽广,可传檄而定,非徒收一胜之功,保守今日而已。此难遇之机,不可失也。"刘琮不纳②。

曹操以江陵有军实,恐刘备据之,乃释辎重,轻骑到襄阳。一如王威

---

① 事见《三国志·先主传》。——译者注
② 事见裴松之注《三国志·刘表传》引《汉晋春秋》。——译者注

所料，曹操闻刘备已过，乃将精骑五千急追之，一日一夜，行三百余里，及于当阳之长坂。刘备匆皇，弃妻子，与武侯、张飞、赵云等数十骑南走，曹公大获其人众辎重①。张飞将二十骑拒后，据水断桥，瞋目横矛曰："身是张益德也，可来共决死。"曹兵皆无敢近者，故刘备得免②。赵云与刘备相失，有人言赵云已北去者，刘备以手戟摘之曰："子龙不弃我走也。"③顷之，赵云至。身抱弱子，即后主也，保甘夫人，即后主母也，皆得免难④。

徐庶亦与武侯并从刘备南行，而徐母为曹操所获。徐庶辞刘备而指心曰："本欲与将军共图王霸之业者，以此方寸之地也。今已失老母，方寸乱矣，无益于事，请从此别。"遂诣曹公⑤。

裴松之注《三国志·诸葛亮传》引《魏略》曰：

> 庶，先名福，本单家子，少好任侠击剑。中平末，尝为人报仇，白垩突面，被发而走，为吏所得，问其姓字，闭口不言，吏乃于车上立柱维磔之，击鼓以令于市鄽，莫敢识者，而其党伍共篡解之，得脱。于是感激，弃其刀戟，更疏巾单衣，折节学问。始诣精舍，诸生闻其前作贼，不肯与共止。福乃卑躬早起，常独扫除，动静先意，听习经业，义理精熟。遂与同郡石韬相亲爱。初平中，中州兵起，乃与韬南客荆州，到，又与诸葛亮特相善。及荆州内附，孔明与刘备相随去，福与韬俱来北。至黄初中，韬仕历郡守、典农校尉，福至右中郎将、御史中丞。逮大和中，诸葛亮出陇右，闻元直、广元仕财如此，叹曰："魏殊多士邪？何彼二人不见用乎？"庶后数年病卒。有碑在彭城，今犹存焉。

徐庶识武侯于陇亩之间，为施其功业之端绪者，故特于兹附记其为人。

---

① 事见《三国志·先主传》。——译者注
② 事见《三国志·张飞传》。张飞字益德，唯《三国演义》作"翼德"。——译者注
③ 事见裴松之注《三国志·赵云传》引《云别传》。——译者注
④ 事见《三国志·赵云传》。——译者注
⑤ 事见《三国志·诸葛亮传》。——译者注

第四章 赤壁之战

刘备既以身免，斜趋汉津，适合与关羽船会，得济沔，遇刘琦众万余人，与俱到夏口①。时曹操进军江陵，以刘琮为青州刺史，封列侯，蒯越等并封侯者，凡十五日，释韩嵩，为大鸿胪，蒯越并刘先、邓羲、和洽、王粲以下，大收荆州名士，皆重用之，以从人望②。彼将顺流东下，收吴楚之地于反掌之间，盖其意满气盛，已吞八荒，武侯《后出师表》所谓"先帝败军于楚，当此时，曹操拊手，谓天下已定"，正指此而言也。是故，益州刘璋遣别驾张松致敬于曹操，而曹操辱之，以贻异日之失计也。

初，鲁肃闻刘表卒，言于孙权曰："夫荆楚与国邻接，水流顺北，外带江汉，内阻山陵，有金城之固，沃野万里，士民殷富，若据而有之，此帝王之资也。今刘表新亡，二子素不辑睦，军中诸将，各有彼此。加刘备天下枭雄，与曹操有隙，寄寓于刘表，刘表恶其能而不能用也。若刘备与彼协心，上下齐同，则宜抚安，与结盟好；如有离违，宜别图之，以济大事。肃请得奉命吊刘表二子，并慰劳其军中用事者及说刘备，使抚表众，同心一意，共治曹操，刘备必喜而从命。如其克谐，天下可定也。今不速往，恐为曹操所先。"③

夫知孙权者，无如其兄孙策。孙策临终之时，谓孙权曰："举江东之众，决机于两陈之间，与天下争衡，卿不如我；举贤任能，各尽其心，以保江东，我不如卿。"④是故，鲁肃以帝王之业说孙权，孙权曰："今尽力一方，冀以辅汉耳，此言非所及也。"⑤其自度为守成之主，而不能为创业之君，

---

① 事见《三国志·先主传》。——译者注
② 事见《三国志·刘表传》。按，官渡之战后，韩嵩、刘先、蒯越曾劝刘表归附曹操，刘表狐疑不定，乃遣韩嵩诣曹操以观虚实。韩嵩还，陈曹操威德，劝刘表遣子入质。刘表反疑韩嵩为曹操所用，欲杀之，后知韩嵩无他意，乃囚之。——译者注
③ 事见《三国志·鲁肃传》。——译者注
④ 事见《三国志·孙讨逆传》。——译者注
⑤ 鲁肃以帝王之业说孙权，指鲁肃初见孙权时，孙权曾与其合榻对饮，因密议曰："今汉室倾危，四方云扰，孤承父兄余业，思有桓、文之功。君既惠顾，何以佐之？"肃对曰："昔高帝区区欲尊事义帝而不获者，以项羽为害也。今之曹操，犹昔项羽，将军何由得为桓、文乎？肃窃料之，汉室不可复兴，曹操不可卒除。为将军计，惟有鼎足江东，以观天下之衅。规模如此，亦自无嫌。何者？北方诚多务也。因其多务，剿除黄祖，进伐刘表，竟长江所极，据而有之，然后建号帝王，以图天下，此高帝之业也。"事见《三国志·鲁肃传》。——译者注

明矣。而张昭等辅之,亦保安一方,以观天下之成败,及定其大,乃各录其勋劳,欲得与封侯之赏耳,故张昭每非鲁肃谦下不足,颇訾毁之,云鲁肃少年粗疏,未可用①。周瑜虽雄姿英发,才长而不及略,江东之大计,未有恢张者。若张昭者,以甘宁图黄祖尚以为不可。今鲁肃乃察荆州之必变,欲趁曹操未至之先,而经略之,亦吴下一时之俊杰才。孙权以守成之才,乃从鲁肃之计,亦其尚贤任能之效乎?

然曹操亦非料事之迟者,知刘备有雄略,而应急之才不足,故刘琮始降,犹疑其诈者,盖惮刘备客之久而得人心,及悉其情伪,则轻骑急追,如疾风之至,使刘备几无立其脚跟之机,而谓江东可以声势席卷者也,岂意有鲁氏之狂儿②,窃算荆、吴之形势,而有蹶其骏卒之谋耶? 是故,鲁肃行至夏口,闻孟德已向荆州,晨夜兼道。比至南郡,刘琮已降,刘备仓皇奔走,欲南渡江。鲁肃径迎之,与刘备会于当阳之长坂。曹操、鲁肃二人之谋,暗中抵牾,而鲁肃识曹操,曹操却不识鲁肃。呜呼! 不待赤壁一战,而南北之胜败,非半已决于此时耶?

鲁肃见刘备,宣腾孙权之意,论天下之事势,致殷勤之意,且问刘备曰:"豫州今欲何往?"刘备曰:"与苍梧太守吴巨有旧,欲往投之。"鲁肃曰:"孙讨虏聪明仁惠,敬贤礼士,江表英豪,咸归附之,已据有六郡,兵精粮多,足以立事。今为君计,莫若遣腹心,使自结于东,崇连和之好,共济世业,而云欲投吴巨,巨是凡人,偏在远郡,行将为人所并,岂足托乎?"刘备大喜,即遣武侯随鲁肃诣孙权,结同盟誓③。

夫鲁肃所论天下事势者,其大旨何如,不得而知,然亦可以想见乃鲁肃得意之素论,与说孙权者大同小异,则其自然与武侯素说刘备者合,大动刘备之心,刘备欲与孙氏连盟之意,盖于此略定。其所谓欲往苍梧投

---

① 事见《三国志·鲁肃传》。——译者注
② 鲁氏之狂儿,语见事见裴松之注《三国志·鲁肃传》引《吴书》:"肃体貌魁奇,少有壮节,好为奇计。天下将乱,乃学击剑骑射,招聚少年,给其衣食,往来山中射猎,阴相部勒,讲武习兵。父老咸曰:'鲁氏世衰,乃生此狂儿。'"——译者注
③ 事见裴松之注《三国志·先主传》引《江表传》。——译者注

吴巨者,固非本计也,特欲先决孙氏之计,而后应之,姑试鲁肃耳。鲁肃开豁不隐,劝连和之计,而刘备所以大喜者,正为此也。刘备乃引武侯与鲁肃相见,二人之论,素来暗合,而鲁肃以武侯之兄诸葛瑾与己同在孙权麾下,相交甚厚,正欲与刘备连和,而诸葛瑾之弟又在刘备麾下,斯为奇遇,乃谓武侯曰:"我,子瑜友也。"①其即共定交者。

此二人者,其志趣已合,相俱图曹操,而孟德乘当阳之大胜,哂刘备不能据江陵之军实,横槊赋诗,浩歌:"月明星稀,乌鹊南飞。绕树三匝,何枝可依?山不厌高,海不厌深。周公吐哺,天下归心。"延荆州之名士,谈王霸之略,笑指江水,张昭、张纮今奉孙权降书,溯流而至,自以为千古之英雄,终三分之局者,其恃智太过,非自昧其明之过乎?

刘备由是进驻鄂县之樊口,时曹操由江陵顺流东下,武侯谓刘备曰:"事急矣,请奉命求救于孙将军。"鲁肃亦将返命,遂与武侯俱诣孙权。时孙权拥军在柴桑,观望成败,武侯说之曰:"海内大乱,将军起兵据有江东,刘豫州亦收众汉南,与曹操并争天下。今曹操芟夷大难,略已平矣,遂破荆州,威震四海。英雄无所用武,故豫州遁逃至此。愿将军量力而处之,若能以吴、越之众,与中国抗衡,不如早与之绝;若不能当,何不案兵束甲,北面而事之?今将军外托服从之名,而内怀犹豫之计,事急而不断,祸至无日矣。"孙权曰:"苟如君言,刘豫州何不遂事之乎?"武侯曰:"田横,齐之壮士耳,犹守义不辱,况刘豫州王室之胄,英才盖世,众士仰慕,若水之归海,若事之不济,此乃天也,安能复为之下乎?"孙权勃然曰:"吾不能举全吴之地,十万之众,受制于人。吾计决矣。非刘豫州莫可以当曹操者,然豫州新败之后,安能抗此难乎?"武侯曰:"豫州军虽败于长坂,今战士还者及关羽水军精甲万人,刘琦合江夏战士亦不下万人。曹操之众,远来疲弊,闻追豫州,轻骑一日一夜行三百余里,此所谓'强弩之末,势不能穿鲁缟'者也。故兵法忌之,曰'必蹶上将军'。且北方之人,

---

① 语见《三国志·鲁肃传》。——译者注

不习水战。又荆州之民附操者，逼兵势耳，非心服也。今将军诚能命猛将统兵数万，与豫州协规同力，破操军必矣。曹军破，必北还，如此则荆、吴之势强，鼎足之形成矣。成败之机，在于今日。"孙权大悦。①

夫武侯非所谓说客之流，缜密沉着，其出言必不苟，宜以端章甫，与列国之大宾相见，不宜抵掌鼓唇，陈纵横之计，今乃自挺身，当游说之任，固非危急之际，不得已然；又，刘备麾下若关羽、张飞、赵云者，不乏赳赳之武夫，顾可致奉使难局者无，抑亦转败为胜，变危为安，行三分之本谋，此际虽方不善，而能自说自谋、审时度势也。观其说孙权，自为刘备谋，而其言皆为孙权谋。孙权亦非漫信说客之言者，其冷然问刘豫州何不事操者，似嘲武侯为寻常游说之谈，武侯乃慨然以田横为譬。若事不济，则归于天，实武侯一生之宗旨。《后出师表》所谓"成败利钝，非臣之明所能逆睹也"云者，以发精诚也。孙权亦勃然作气，而曰吾计决矣。

夫武侯之本领，实一"正"字。所谓八阵之法，亦堂堂王者之军，其阵法虽奇变百出，其精要在明数理，主乱斗而不乱。武侯之游说，亦犹其阵法也，而其言又与鲁肃平生说孙权者合。

武侯之举止端整，以风貌秀雅，加辞气慷慨，与鲁肃粗疏魁奇者不类，张昭之老成，痛忌嫌鲁肃，而武侯之说孙权，则可知其儒雅之气象，足以动吴人也。而斯人之言也，乃若与鲁肃异口同声，斯人之一说，愈他人之百口千舌，孙权之大悦，岂亦由此耶？

抑孙权此时若已五六十岁，颓然一老者，则武侯虽精诚慷慨，说之未必如此其易。孙权是年二十六岁②，意气方盛，犹有独立自恃之情，故义烈之言，受制于人之辱，得动之耳。吾友吕泣生尝曰："所谓更始革命，一切世局之动荡，只是少者与老者之争斗耳。"今观鼎足三分之大关键赤壁之战，亦见此不易之语也。此时武侯年二十八，鲁肃年三十七，周瑜年三

---

① 事见《三国志·诸葛亮传》。——译者注
② 孙权生于汉灵帝光和五年(182)，虚岁当为二十七。——译者注

十四,张昭年五十三,曹操年五十四,刘备年四十八。记此诸人之年龄,而其老者,用其所谓阅历,其少者,用其所谓无阅历,以赤壁之战定千古罕比之三分之局观之,于此世局动荡之机势,盖有所思也。

是时,曹操得刘表之众并水军船,形势甚胜,遗孙权书曰:"近者奉辞伐罪,旌麾南指,刘琮束手。今治水军八十万众,方与将军会猎于吴。"孙权得书,以示群下,其议向背,莫不响震失色①。长史张昭曰:"曹公豺虎也,然托名汉相,挟天子以征四方,动以朝廷为辞,今日拒之,事更不顺。且将军大势可以拒操者,长江也。今操得荆州,奄有其地,刘表治水军,艨艟斗舰,乃以千数,操悉浮以沿江,兼有步兵,水陆俱下,此为长江之险,已与我共之矣。而势力众寡,又不可论。愚谓大计不如迎之。"②而鲁肃独不言。

孙权起更衣,鲁肃追于宇下。孙权知其意,乃执鲁肃之手曰:"卿欲何言?"鲁肃对曰:"向察众人之议,专欲误将军,不足与图大事。今肃可迎操耳,如将军,不可也。何以言之?今肃迎操,操当以肃还付乡党,品其名位,犹不失下曹从事,乘犊车,从吏卒,交游士林,累官故不失州郡也。将军迎操,欲安所归?愿早定大计,莫用众人之议也。"孙权叹息曰:"此诸人持议,甚失孤望,今卿廓开大计,正与孤同,此天以卿赐我也。"③

时周瑜受使至鄱阳,鲁肃劝孙权追其还。周瑜至,亦谓孙权曰:"曹操虽托名汉相,实汉贼也。将军以神武雄才,兼仗父兄之烈,割据江东,地方数千里,兵精足用,英雄乐业,尚当横行天下,为汉家除残去秽。况操自送死,而可迎之耶?请为将军筹之:今使北土已安,操无内忧,能旷日持久,来争疆场,又能与我校胜负,可也。今北土既未平安,加马超、韩遂尚在关西,为操后患;且舍鞍马,仗舟楫,与吴越争衡,本非中国所长;又今盛寒,马无藁草;驱中国士众,远涉江湖之间,不习水土,必生疾病。

---

① 事见裴松之注《三国志·吴主传》引《江表传》。——译者注
② 语见《三国志·周瑜传》,然传谓"议者咸曰",而非"长史张昭曰"。——译者注
③ 事见《三国志·鲁肃传》。——译者注

此数四者,用兵之患也,而操皆冒行之。将军擒操,宜在今日。瑜请得精兵三万人,进住夏口,保为将军破之。"孙权曰:"老贼欲废汉自立久矣,徒忌二袁、吕布、刘表与孤耳。今数雄已灭,惟孤尚存,孤与老贼,势不两立。君言当击,甚与孤合,此天以君授孤也。"①

裴松之注《三国志·周瑜传》引《江表传》曰:

> 权拔刀斫前奏案曰:"诸将吏敢复有言当迎操者,与此案同!"及会罢之夜,瑜请见曰:"诸人徒见操书,言水步八十万,而各恐慑,不复料其虚实,便开此议,甚无谓也。今以实校之,彼所将中国人,不过十五六万,且军久已疲;所得表众,亦极七八万耳,尚怀狐疑。夫以疲病之卒,御狐疑之众,众数虽多,甚未足畏。得精兵五万,自足制之,愿将军勿疑。"权抚背曰:"公瑾,卿言至此,甚合孤心。子布、文表诸人,各顾妻子,挟持私虑,深失所望,独卿与子敬与孤同耳,此天以卿二人赞孤也。五万兵难卒合,已选三万人,船粮战具俱办,卿与子敬、程公便在前发,孤当续发人众,多载资粮,为卿后援。卿能办之者诚快,邂逅不如意,便还就孤,孤当与孟德决之。"

此说与《三国志·吴书》诸传所言略有出入,武侯之说孙权,与孙权之谙群下,不知孰先孰后。《吴书》《蜀书》,一出陈寿之笔,而各互有歧,且叙周瑜、鲁肃之说孙权,又未必相合,盖陈寿之书法,每传斯人,必重归斯人,故往往晦于事实。然在东吴,鲁肃之谋先发,而与周瑜之言暗合,可由异日孙权评骘周瑜、鲁肃、吕蒙三人之言征之②,似无复可疑。

夫周公瑾,江左第一美才也,而以其才太高,所见太锐,所恃在眼前

---

① 事见《三国志·周瑜传》。——译者注
② 语见《三国志·吕蒙传》:"孙权与陆逊论周瑜、鲁肃及蒙曰:'孟德因获刘琮之势,张言方率数十万众,水步俱下。孤普请诸将,咨问所宜,无适先对,至子布、文表,俱言宜遣使修檄迎之,子敬即驳言不可,劝孤急呼公瑾,付任以众,逆而击之。'"裴松之亦曰:"建计拒曹公,实始鲁肃。于时周瑜使鄱阳,肃劝权呼瑜,瑜使鄱阳还,但与肃暗同,故能共成大勋。本传(指《三国志·周瑜传》)直云,权延见群下,问以计策,瑜摆拨众人之议,独言抗拒之计,了不云肃先有谋,殆为攘肃之善也。"——译者注

一战之胜败。至鲁肃，其所策画，自超胜败之数，存形势之机，故其言曹操之不可迎，亲切老实，不似其年少粗疏，与周瑜之壮快不同。孙权固器周瑜之才，故宜厚信其言，亦鲁肃以其身与孙权之处境相较，谆谆晓之者，乃深得孙权心脾之人，于决此计，岂非大与力者也。至若武侯之游说，又兼鲁肃形势之谈与周瑜兵机之说，加以虽败亡而义烈不屈之刘备激之，虽无赤壁一战，而孙刘之盟已连，鼎足之形将成，而曹操力不能及江南之势，决也。

以曹孟德之明，尚不能睹此三少年决大计之机先，及其一败而后，知敌是刘备，而尚不知孙仲谋少年英雄，故《三国志·魏书》并魏人所著之《山阳公载记》等书，皆记曹操与刘备之战，绝不及武侯、周瑜、鲁肃，其之败未尝不幸也。且以年龄，曹操、刘备、张昭为俦，鲁肃、周瑜亦为俦，武侯与孙权最少。今武侯、周瑜、鲁肃之谋合，刘备能用之，孙权亦能从之，而张昭之计不为孙权所用，曹操则独用其智，是明示少壮者赢而老大者输也。

其后，曹操得知主事者为周瑜，又以其年少，谓可以游说动之，而使蒋干说之，不成。异日，夏侯渊为刘备斩破，而不能先料其冲虚策画者为法正，汉中由此失于刘备之手。曹操惭恨之余，知刘备未有此能，必有教之者，然其失计，无以为补，三分之局，至此牢不可破。以曹操之智能，若恃之太过，则每败于后生如此，而况才下于操者乎。

夫赤壁一战，诚千古之壮观，由此，东吴之势强，刘备之基业建，而三分之局定矣。清人赵翼有诗叹曰：

依然形胜扼荆襄，赤壁山前故垒长。乌鹊南飞无魏地，大江东去有周郎。千秋人物三分国，一片山河百战场。今日经过已陈迹，月明渔父唱沧浪。

可谓能道尽此壮观，然究其决机势之所原，即不过少者老者其阅历与无阅历之相斗，千秋人物三分国，毕竟如此耳。

周瑜之快战,诚为快哉,而其快战之所由,未有诸葛、鲁肃二子三分之谋先定者,不能致之也。抑南方之形势,攻守之要枢,存乎襄阳,武侯虽欲取之而未果,为曹操所得,故长江之险,已与曹操共之矣。其顺流东下,沿江而来,赤壁之地势,虽扼荆襄,为吴会之要吭,其自守亦太蹙。幸北军不习水战,又多困于疾,不能持久,如武侯、周瑜之所料,战而不利,故东吴君臣,无饶内之患,而三分之局,由此而决。用兵如神之曹孟德,一败涂地,至兵马相蹂践而走,此则周郎一战之烈,故录其战状,详此快举之始终。

　　孙权以周瑜、程普为左右督,将兵与刘备并力逆曹操,以鲁肃为赞军校尉,助画方略。

　　据裴松之注《三国志·先主传》引《江表传》,刘备此时在樊口,武侯诣吴未还,刘备闻曹操军下,恐惧,日遣逻吏于水次候望孙权军。逻吏望见周瑜船,驰往白刘备,刘备曰:"何以知之非青徐军耶?"逻吏对曰:"以船知之。"刘备遣人慰劳之。周瑜曰:"有军任,不可得委署,倘能屈威,诚副其所望。"刘备谓关羽、张飞曰:"彼欲致我,我今自结托于东而不往,非同盟之意也。"乃乘单舸往见周瑜,问曰:"今拒曹公,深为得计。战卒有几?"周瑜曰:"三万人。"刘备曰:"恨少。"周瑜曰:"此自足用,豫州但观周瑜破之。"刘备欲叫鲁肃等共会语,周瑜曰:"受命不敢妄委署,若欲见子敬,可别过之。又,孔明已俱来,不过三两日到也。"刘备虽深愧异周瑜,而心未许之能必破北军也,故差池在后,将二千人与关羽、张飞,俱未肯系周瑜,盖为进退之计也。

　　孙盛辨之曰:"刘备雄才,处必亡之地,告急于吴,而获奔助,无缘复顾望江渚而怀后计。《江表传》之言,当是吴人欲专美之辞。"《江表传》乃吴人虞溥所撰,故往往有此弊。关羽答鲁肃,有"乌林之役,左将军身在行间,寝不脱介,勠力破魏,岂得徒劳无一块壤"[①]之语,是《吴书》之处,亦

----

① 语见裴松之注《三国志·鲁肃传》引《吴书》。——译者注

知《江表传》之妄。唯刘备此时,虽败亡之余,犹恃其雄才,又其战卒,与吴军相伯仲,其器子敬,至孙权、周瑜,亦未必甚重之。由其异日对庞统有"孤以仲谋所防在北,当赖孤为援"①之语观之,刘备决非有俯首下吴人之意者。孙权亦知,非刘备无以当曹操者,独周瑜才高气锐,欲独任其事,而不欲借他人之力。又知刘备为人杰,为之加势望,于吴不利,故劈头欲先折刘备自尊之念,此他日周瑜不肯资刘备以地,趁其来京,欲留之于吴,临死又上疏孙权,有"养虎"之言,皆此自恃之情所原也②。

且说孙刘二军,与曹军遇于赤壁。时曹军已有疾疫,初一交战,曹军失利,引次江北,孙刘之军,在南岸。周瑜部将黄盖曰:"今寇众我寡,难与持久,然观操军船舰首尾相接,可烧而走也。"乃取蒙冲斗舰数十艘,实以薪草,膏油灌其中,裹以帷幕,上建牙旗,先书报曹操,诈云欲降③。其书曰:"盖受孙氏厚恩,常为将帅,见遇不薄。然顾天下事有大势,用江东六郡山越之人,以当中国百万之众,众寡不敌,海内所共见也。东南将吏,无有愚智,皆知其不可,惟周瑜、鲁肃,偏怀浅戆,意未解耳。今日归命,是其实计。瑜所督领,自易摧破。交锋之日,盖为前部,当因事变化,效命在近。"④曹操于此方知周瑜、鲁肃用事,而已晚矣。

黄盖又预备走舸,各系大船之后,因引次俱前。曹军将士皆延颈观望,指言黄盖来降。时东南风甚急,因以十舰最著前,中江举帆,黄盖举火白诸校,使众兵齐声大叫曰:"降焉!"曹军人皆出营立观。去北军二里余,同时发火,火烈风猛,往船如箭,飞埃绝烂,烧尽北船,延及岸边营柴。周瑜等率轻锐寻继其后,擂鼓大进,北军大败,曹操退走。周瑜、刘备之

---

① 语见裴松之注《三国志·庞统传》引《江表传》:"先主与统从容宴语,问曰:'卿为周公瑾功曹,孤到吴,闻此人密有白事,劝仲谋相留,有之乎?在君为君,卿其无隐。'统对曰:'有之。'备叹息曰:'孤时危急,当有所求,故不得不往,殆不免周瑜之手!天下之谋之士,所见略同耳。时孔明谏孤莫行,其意独笃,亦虑此也。孤以仲谋所防在北,当赖孤为援,故决意不疑。此诚出于险途,非万全之计也。'"——译者注
② 事见《三国志·周瑜传》。其"养虎"之语,已见本书第三章译者注,兹不赘。——译者注
③ 事见《三国志·周瑜传》。——译者注
④ 语见裴松之注《三国志·周瑜传》引《江表传》。——译者注

军,水陆并进,追到南郡。时又疾疫,北军多死,曹操遂留曹仁、徐晃等守江陵,留乐进守襄阳,自引军北还。① 此所谓赤壁之战也。

裴松之注《三国志·武帝纪》引《山阳公载记》曰:

> (曹)公船舰为备所烧,引军从华容道步归,遇泥泞,道不通,天又大风,悉使羸兵负草填之,骑乃得过。羸兵为人马所蹈藉,陷泥中,死者甚众。军既得出,公大喜,诸将问之,公曰:"刘备,吾俦也,但得计少晚,向使早放火,吾徒无类矣。"备寻亦放火而无所及。

赤壁战后,南方势力,一时大张。周瑜、程普又进南郡,与曹仁相对,各隔大江,兵未交锋。周瑜遣甘宁进据夷陵,曹仁分兵骑,别攻围甘宁。甘宁告急于周瑜,周瑜用吕蒙之计,留凌统以守其后,身与吕蒙上救甘宁。甘宁既解围,乃渡屯北岸,克期大战。周瑜亲跨马临阵,会流矢中右肋,疮甚,乃还。后曹仁闻周瑜卧病未起,勒兵就阵。周瑜乃自兴,按行军营,激扬吏士,与曹仁相拒岁余,遂走曹仁而取江陵。孙权乃拜周瑜为偏将军,领南郡太守,程普为江夏太守,吕范为彭泽太守,吕蒙领浔阳令。② 唯孙权自将兵攻合肥,张昭攻九江、当涂,皆无功而返。

武侯见三分之局已定,其一战之后,为刘备效力,亦急于见跨有荆益之谋成。是年十二月,刘备表刘琦为荆州刺史,徇引兵征荆州之江南四郡,武陵太守金旋、长沙太守韩玄、桂阳太守赵范、零陵太守刘度皆降。庐江雷绪,又帅部曲数万归刘备。③ 刘备乃以武侯为军师中郎将,督零陵、桂阳、长沙三郡,驻临蒸,调其赋税,以充军实④;以关羽为襄阳太守、荡寇将军,驻江北⑤;以张飞为宜都太守、征虏将军,封新亭侯,后转在南郡⑥;以

---

① 事见《三国志·周瑜传》并裴松之注引《江表传》。——译者注
② 事见《三国志·周瑜传》。——译者注
③ 事见《三国志·先主传》。——译者注
④ 事见《三国志·诸葛亮传》。——译者注
⑤ 事见《三国志·关羽传》。——译者注
⑥ 事见《三国志·张飞传》。——译者注

赵云领桂阳太守①。以上皆可察武侯步步行其志之影迹。

及周瑜下江陵，刘备表孙权行车骑将军，领徐州牧。会荆州刺史刘琦卒，孙权以刘备领荆州牧②，周瑜分江南岸之地予刘备。刘备乃立营于油江口，改名为公安③。孙权稍畏之，以妹妻刘备，以固盟好④。其妹才捷刚猛，有诸兄之风，侍婢百余人，皆执刀侍立，刘备每入，衷心常凛凛⑤。是时，刘表之故吏见从北军者，多叛而投刘备。刘备以周瑜所给之地少，不足以容其众，乃诣京口见孙权，绸缪其联姻之恩纪，且求都督荆州之事⑥。

周瑜乃上书孙权，曰："刘备以枭雄之姿，而有关羽、张飞熊虎之将，必非久屈为人用者。愚谓大计宜徙备置吴，盛为筑宫室，多其美女玩好，以娱乐其耳目，分此二人，各置一方，使如瑜者，得挟与攻战，大事可定也。今猥割土地以资业之，聚此三人，俱在疆场，恐蛟龙得云雨，终非池中物也。"吕范亦劝孙权留之，孙权以曹操在北方，当广揽英雄，又恐刘备难卒制，故不纳。⑦鲁肃又曰："不可。将军虽神武命世，然曹公威力实重，初临荆州，恩信未洽，宜以借备，使抚安之。多操之敌，而自为树党，计之上也。"孙权即从之。⑧

刘备还，谓左右曰："孙车骑长上短下，难为其下，吾以不再见之。"乃昼夜兼行而还。⑨ 他日，刘备与庞统从容宴语，问曰："卿为周公瑾功曹，孤到吴，闻此人密有白事，劝仲谋相留，有之乎？在君为君，卿其无隐。"庞统对曰："有之。"刘备叹息曰："孤时危急，当有所求，故不得不往，殆不免周瑜之手！天下之谋之士，所见略同耳。时孔明谏孤莫行，其意独笃，

---

① 事见裴松之注《三国志·赵云传》引《云别传》。——译者注
②《三国志·先主传》曰："琦病死，群下推先主为荆州牧，治公安。"——译者注
③ 事见裴松之注《三国志·先主传》引《江表传》。——译者注
④ 事见《三国志·先主传》。——译者注
⑤ 事见《三国志·法正传》。——译者注
⑥ 事见《三国志·先主传》及裴松之注引《江表传》。——译者注
⑦ 事见《三国志·周瑜传》。——译者注
⑧ 事见裴松之注《三国志·鲁肃传》引《汉晋春秋》。——译者注
⑨ 事见裴松之注《三国志·先主传》引《山阳公载记》。——译者注

亦虑此也。孤以仲谋所防在北，当赖孤为援，故决意不疑。此诚出于险途，非万全之计也。"①刘备为人，非唯勉自韬晦，而锋芒发露，动使人畏惮，此其所以英明盖世，反成事少，今在荆、吴，亦复履前辙，武侯所以危之，而孙、刘之衅，渐启于是，至两雄皆有益州之图，则其势益不能避也。

裴松之注《三国志·诸葛亮传》引《袁子》曰：

  张子布荐亮于孙权，亮不肯留。人问其故，曰："孙将军可谓人主，然观其度，能贤亮而不能尽亮，吾是以不留。"

裴松之以武侯答人之语，非其实也，曰：

  袁孝尼著文立论，甚重诸葛之为人，至如此言，则失之殊远。观亮君臣相遇，可谓希世一时，终始之分，谁能间之？宁有中违断金，甫怀择主，设使权尽其量，便当翻然去就乎？葛生行已，岂其然哉！关羽为曹公所获，遇之甚厚，可谓能尽其用矣，犹义不背本，曾谓孔明之不若云长乎？

由此，则张昭之荐孔明，事未必无之也。后诸葛瑾在南郡，人有密谗诸葛瑾者，言其别遣亲人与刘备相闻。此语颇流闻于外，陆逊上表保诸葛瑾无此，宜以散其意，孙权乃与陆逊书曰："子瑜与孤从事积年，恩如骨肉，深相明究，其为人，非道不行，非义不言。玄德昔遣孔明至吴，孤尝语子瑜曰：'卿与孔明同产，且弟随兄，于义为顺，何以不留孔明？孔明若留从卿者，孤当以书解玄德，意自随人耳。'子瑜答孤言：'弟亮已失身于人，委质定分，义无二心。弟之不留，犹瑾之不往也。'其言足贯神明。"②观之，是或即张昭荐武侯之事，亦未可知，然孙权当时有用武侯之意，则明矣。

武侯之志，诸葛瑾实熟知之，且明言之，而武侯之不留吴者，自不待言。裴松之之论，是也。唯以去就之义答而道刘备之难弃，或宜有其事，然语及子系权为人，则袁宏之所记，盖有讹传，武侯断不能为此等之言。

---

① 事见裴松之注《三国志·庞统传》引《江表传》。——译者注
② 事见裴松之注《三国志·诸葛瑾传》引《江表传》。——译者注

至吴人之所以醉心于武侯者,拙论已见于"武侯游说孙权"一节,兹不赘。

赵翼《廿二史札记》,有三国之主用人各不同之说,其论据实征,甚绝切当,又适与武侯之去就相发明,并此三分之局,非唯地势致之,亦与人力有大关系也。顾赤壁一战,已为三分之大关目,亦实赵翼诗所谓"千秋人物三分国",荟萃于一时一地,各展其技,各竭其才。三国人主用人之异同,最可玩味,故录赵氏之论于后:

> 人才莫盛于三国,亦惟三国之主各能用人,故得众力相扶,以成鼎足之势。而其用人亦各有不同者,大概曹操以权术相驭,刘备以性情相契,孙氏兄弟以意气相投,后世尚可推见其心迹也。
>
> 荀彧、程昱为操画策,人所不知,操一一表明之,绝不攘为己有,此固已足令人心死。刘备为吕布所袭,奔于操,程昱以备有雄才,劝操图之。操曰:"今收揽英雄时,杀一人而失天下之心,不可也。"(内藤湖南原注:读者请看,此与孙权欲留刘备同出一意,可见刘备有名望,为一世所畏惮,而其得幸免者,又为其名望甚盛,图之则至负人心。)然此犹非与操有怨者。
>
> 臧霸先从陶谦,后助吕布,布为操所擒,霸藏匿,操募得之,即以霸为琅邪相,青、徐二州悉委之。先是,操在兖州,以徐翕、毛晖为将,兖州乱,翕、晖皆叛,后操定兖州,翕、晖投霸。至是操使霸出二人,霸曰:"霸所以能自立者,以不为此也。"操叹其贤,并以翕、晖为郡守。
>
> 操以毕谌为兖州别驾,张邈之叛,劫谌母妻去,操遣谌往,谌顿首无二,既出,又亡归从吕布。布破,操生得谌,众为之惧,操曰:"人能孝于亲者,岂不忠于君乎?吾所求也。"以为鲁相。
>
> 操初举魏种为孝廉,兖州之叛,操谓种必不弃我,及闻种走,怒曰:"种不南走越,北走胡,不汝置也。"及种被擒,操曰:"惟其才也。"释而用之。
>
> 此等先臣后叛之人,既已生擒,谁肯复贷其命,乃一一弃嫌录用。盖操当初起时,方欲藉众力以成事,故以此奔走天下,杨阜所谓

曹公能用度外之人也。乃其削平群雄，势位已定，则孔融、许攸、娄圭等皆以嫌忌杀之。荀彧素为操谋主，亦以其阻九锡而胁之死。甚至杨修素为操所赏拔者，以厚于陈思王而杀之。崔琰素为操所倚信者，亦以疑似之言杀之。然后知其雄猜之性，久而自露，而从前之度外用人，特出于矫伪以济一时之用，所谓以权术相驭也。

至刘备，一起事即为人心所向。少时结交，豪杰已多附之。中山大商张世平、苏双等早资以财，为纠合徒众之用。领平原相，刘平遣刺客刺之，客反以情告。救陶谦，谦即表为豫州刺史。谦病笃，命以徐州与备，备不敢当，陈登、孔融俱敦劝受之。后为吕布所攻，投奔于操，操亦表为左将军，礼之甚重。嗣以徐州之败奔袁谭，谭将步骑迎之。袁绍闻备至，出邺二百里来迓。及绍败，备奔刘表，表又郊迎，待以上宾之礼，荆州豪杰多归之。曹兵来讨，备奔江陵，荆州人士随之者十余万。是时身无尺寸之柄，而所至使人倾倒如此。程昱谓备甚得人心，诸葛亮对孙权亦谓刘豫州为众士所慕仰，若水之归海，此当时实事也。乃其所以得人心之故，史策不见。

第观其三顾诸葛，咨以大计，独有傅岩爰立之风。关、张、赵云，自少结契，终身奉以周旋，即羁旅奔逃，寄人篱下，无寸土可以立业，而数人者患难相随，别无贰志。此固人数者之忠义，而备亦必有深结其隐微而不可解者矣。

其征吴也，黄权请先以身尝寇，备不许，使驻江北以防魏师。及猇亭败退，道路隔绝，权无路可归，乃降魏。有司请收权妻子，备曰："我负权，权不负我也。"权在魏，或言蜀已收其孥，权亦不信。君臣之相与如此。

至托孤于亮曰："嗣子可辅，辅之；不可辅，则君自取之。"千载下犹见其肝膈本怀，岂非真性情之流露。设使操得亮，肯如此委心相任乎？亮亦岂肯为操用乎？惜是时人才已为魏、吴二国收尽，故得人较少，然亮第一流人，二国俱不能得，备独能得之，亦可见以诚待人之效矣。(内藤湖南原注：可参看本书"三顾茅庐"一段。)

至孙氏兄弟之用人，亦自有不可及者。孙策生擒太史慈，即解其缚曰："子义青州名士，但所托非人耳。孤是卿知己，勿忧不如意也。"以张昭为长史，北方士大夫书来，多归美于昭。策闻之曰："管仲相齐，一则仲父，二则仲父，而桓公为霸者宗。今子布贤，我能用之，其功名不在我乎！"此策之得士也。

周瑜荐鲁肃，权即用肃继瑜。权怒甘宁粗暴，吕蒙谓斗将难得，权即厚待宁。刘备之伐吴也，或谓诸葛瑾已遣人往蜀，权曰："孤与子瑜有生死不易之操，子瑜之不负孤，犹孤之不负子瑜也。"吴、蜀通和，陆逊镇西宁，权刻印置逊所，每与刘禅、诸葛亮书，常过示逊，有不安者，便令改定，以印封行之。委任如此，臣下有不感知遇而竭心力者乎！

权又不自护其非，权欲遣张弥、许晏浮海至辽东，封公孙渊，张昭力谏不听，弥、晏果为渊所杀。权惭谢昭，昭不起。权因出，过其门呼昭，昭犹辞疾。权烧其门以恐之，昭更闭户，权乃灭火，驻门良久，载昭还宫，深自刻责。倘如袁绍，不用沮授之言以至于败，则恐为所笑而杀之矣。

权用吕壹，事败，又引咎自责，使人告谢诸大将曰："与诸君从事，自少至长，发有二色，以谓表里足以明露。尽言直谏，所望于诸君，诸君岂得从容而已哉。凡百事要，所当损益，幸匡所不逮。"

陆逊晚年为杨竺等所谮，愤郁而死，权后见其子抗，泣曰："吾前听谗言，与汝父大义不笃，以此负汝。"以人主而自悔其过，开诚告语如此，其谁不感泣。使操当此，早挟一"宁我负人，无人负我"之见，而老羞成怒矣。此孙氏兄弟之用人，所谓以意气相感也。

若以三国之主相较，刘备乃天授，安之；孙氏勉行之，亦有所守；曹操最下，所用唯利耳，然后之用人者，能得如曹操者，亦不多也。其下效力之所，不攘为己有，又恐于己被害贤之名，而不敢除之。若关羽受其厚遇，而终奔归刘备，不追以成其志；若赦魏种，而曰惟其才也，其易及也？其孔融以下，嫉才妒能而除之者，世皆如是也。愚尝谓，曹操之雄猜，人辄以"奸"蔽之，然其奸实不如明太祖之甚，而其开豁之处，则宁过之，如"天命在我，我为周文王"①之语；其矫饰之处，又犹守义之心，如建安十五年(210)十二月之《让县自明本志令》，若以浮伪满幅讥之，今之侯伯者，果有能为此者乎？②

---

① 语出裴松之注《三国志·武帝纪》引《魏氏春秋》："夏侯惇谓王(指曹操)曰：'天下咸知汉祚已尽，异代方起。自古以来，能除民害为百姓所归者，即民主也。今殿下即戎三十余年，功德著于黎庶，为天下所依归，应天顺民，复何疑哉！'王曰：'施于有政，是以为政。若天命在吾，吾为周文王矣。'"——译者注

② 《让县自明本志令》，见裴松之注《三国志·武帝纪》引《魏武故事》："孤始举孝廉，年少，自以本非岩穴知名之士，恐为海内人之所见凡愚，欲为一郡守，好作政教，以建立名誉，使世士明知之；故在济南，始除残去秽，平心选举，违迕诸常侍。以为强豪所忿，恐致家祸，故以病还。

去官之后，年纪尚少，顾视同岁中，年有五十，未名为老，内自图之，从此却去二十年，待天下清，乃与同岁中始举者等耳。故以四时归乡里，于谯东五十里筑精舍，欲秋夏读书，冬春射猎，求底下之地，欲以泥水自蔽，绝宾客往来之望，然不能得如意。

后征为都尉，迁典军校尉，意遂更，欲为国家讨贼立功，欲望封侯作征西将军，然后题墓道言'汉故征西将军曹侯之墓'，此其志也。而遭值董卓之难，兴举义兵。是时合兵能多得耳，然常自损，不欲多之；所以然者，多兵意盛，与强敌争，倘更为祸始。故汴水之战数千，后还到扬州更募，亦复不过三千人，此其本志有限也。

后领兖州，破降黄巾二十万众。又袁术僭号于九江，下皆称臣，名门曰建号门，衣被皆为天子之制，两妇预争为皇后。志计已定，人有劝术使遂即帝位，露布天下，答言'曹公尚在，未可也'。后孤讨擒其四将，获其人觽，遂使术穷亡解沮，发病而死。及至袁绍据河北，兵势强盛，孤自度势，实不敌之，但计投死为国，以义灭身，足垂于后。幸而破绍，枭其二子。又刘表自以为宗室，包藏奸心，乍前乍却，以观世事，据有当州，孤复定之，遂平天下。身为宰相，人臣之贵已极，意望已过矣。

今孤言此，若为自大，欲人言尽，故无讳耳。设使国家无有孤，不知当几人称帝，几人称王。或者人见孤强盛，又性不信天命之事，恐私心相评，言有不逊之志，妄相忖度，每用耿耿。齐桓、晋文所以垂称至今日者，以其兵势广大，犹能奉事周室也。《论语》云'三分天下有其二，以服事殷，周之德可谓至德矣'，夫能以大事小也。昔乐毅走赵，赵王欲与之图燕，乐毅伏而垂泣，对曰：'臣事昭王，犹事天王；臣若获戾，放在他国，没世然后已，不忍谋赵之徒隶，况燕后嗣乎！'胡亥之杀蒙恬也，恬曰：'自吾先人及至子孙，积信于秦三世矣；今臣将兵三十余万，其势足以背叛，然自知必死而守义者，不敢辱先人之教以忘先王也。'孤每读此二人书，未尝不怆然流涕也。孤祖父以至孤身，皆当亲重之任，可谓见信者矣，以及子桓兄弟，过于三世矣。

孤非徒对诸君说此也，常以语妻妾，皆令深知此意。孤谓之言：'顾我万年之后，汝曹皆当出嫁，欲令传道我心，使他人皆知之。'孤此言皆肝鬲之要也。所以勤勤恳恳叙心腹者，见周公有金縢之书以自明，恐人不信之故。然欲孤便尔委捐所典兵觽以还执事，归就武平侯国，实不可也。何者？诚恐己离兵为人所祸也。既为子孙计，又己败则国家倾危，是以不得慕虚名而处实祸，此所不得为也。前朝恩封三子为侯，固辞不受，今更欲受之，非欲复以为荣，欲以为外援，为万安计。

孤闻介推之避晋封，申胥之逃楚赏，未尝不舍书而叹，有以自省也。奉国威灵，仗钺征伐，推弱以克强，处小而擒大，意之所图，动无违事，心之所虑，何向不济，荡荡平天下，不辱主命，可谓天助汉室，非人力也。然封兼四县，食户三万，何德堪之！江湖未静，不可让位；至于邑土，可得而辞。今上还阳夏、柘、苦三县户二万，但食武平万户，且以分损谤议，少减孤之责也。"——译者注

若易地而处,立于曹操之地,能为曹操之所为乎?轻骂前人,此亦曹操之罪人也。

呜呼!意气之感,不可复见,而况性情之契耶?

张问陶①有诗曰:

> 竟逢知己何妨死,未遇倾城不肯狂。

求死不得死,欲狂亦易狂?

蒋苕生②有诗曰:

> 一代风云贫贱合。

贫贱相合,亦足作风云之气,而空言施于事业,亦复不好。

愚亦尝有诗曰:

> 岂无知己尽贫贱,未肯将身许贵游。

然是固非可自道也。

苏东坡《魏武帝论》曰:

> 当汉氏之衰,豪杰并起而图天下,二袁、董、吕,争为强暴,而孙权、刘备,又已区区于一隅,其用兵制胜,固不足以敌曹氏,然天下终于分裂,讫魏之世,而不能一。
>
> 盖尝试论之。魏武长于料事,而不长于料人。是故有所重发而丧其功,有所轻为而至于败。刘备有盖世之才,而无应卒之机。方其新破刘璋,蜀人未附,一日而四五惊,斩之不能禁。释此时不取,而其后遂至于不敢加兵者终其身。孙权勇而有谋,此不可以声势恐喝取也。魏武不用中原之长,而与之争于舟楫之间,一日一夜,行三百里以争利。犯此二败以攻孙权,是以丧师于赤壁,以成吴之强。

---

① 张问陶(1764—1814),字仲冶,号船山,清代诗人、诗论家,著有《船山诗草》。——译者注
② 蒋苕生,即蒋士铨(1725—1785),字心余,又字苕生,号藏园,清代戏曲家、文学家,与袁枚、赵翼并称"乾隆三大家",著有《忠雅堂集》《红雪楼九种曲》《铜弦词》。——译者注

且夫刘备可以急取,而不可以缓图。方其危疑之间,卷甲而趋之,虽兵法之所忌,可以得志。孙权者,可以计取,而不可以势破也,而欲以荆州新附之卒,乘胜而取之。彼非不知其难,特欲侥幸于权之不敢抗也。此用之于新造之蜀,乃可以逞。故夫魏武重发于刘备而丧其功,轻为于孙权而至于败。此不亦长于料事而不长于料人之过欤?

东坡谓曹操"长于料事而不长于料人",此语当否,尚可存疑。夫曹操一日一夜行三百里以追刘备者,亦不可谓不长于料人。而吴之骨鲠,知有张昭、张纮,则亦欲以其声势取之者,非料人之过也。仲谋年少,其勇其谋,当时皆未得显著;周瑜、鲁肃、武侯,固未闻其名,以此而曰短于料人,不可也。夫南人轻锐,短于持久,而曹操以声势临之,欲旦夕取之,宁可谓短于料人耶?然武侯已知其强弩之末,周瑜亦料其军士之疾疫,曹操亦固知其不可,而犹为之者,知敌为刘备,而不知为武侯、周瑜、鲁肃也,又侥幸于孙权之不敢抗,此则见于东坡之论也。全曹操取蜀之得失,更容后文商榷之。

清人袁枚①《赤壁》诗曰:

一面东风百战军,当年此处定三分。汉家火德终烧贼,池上蛟龙竟得云。江水自流秋渺渺,渔灯犹照荻纷纷。我来不共吹箫客,乌鹊寒声静夜闻。

此又偏以一战之功,归于刘氏,未为公论,而以一战之效,归于池上蛟龙竟得云,则可谓善道当日之形势者也。

---

① 袁枚(1716—1798),字子才,号简斋,晚年自号仓山居士、随园主人、随园老人,清代诗人、文学家,乾隆三大家之一,著有《小仓山房诗文集》《随园诗话》《随园随笔》《随园食单》《子不语》等。——译者注

第五章　进据益州

建安十五年(210),周瑜卒。当其病困,尝上疏孙权,曰:"当今天下,方有事役,是瑜乃心夙夜所忧,愿至尊先虑未然,然后康乐。今既与曹操为敌,刘备近在公安,边境密迩,百姓未附,宜得良将以镇抚之。鲁肃智略足任,乞以代瑜。瑜陨踣之日,所怀尽矣。"孙权即拜鲁肃为奋武校尉,代周瑜领兵①。

裴松之注《三国志·鲁肃传》引《江表传》,周瑜与孙权笺中有"曹公在北,疆场未静;刘备寄寓,有似养虎"之语。然鲁肃所以处刘备,实与周瑜异其议,劝孙权借荆州与刘备,以共拒曹氏,曹操闻报,方作书,而落笔于地,即此时也。②刘备之志若由此得伸,而武侯取荆州之策果得以行,则事不可料,然其实未如此也。

周瑜之卒也,其南郡太守之职,以程普代之。至是,南郡虽归刘备,而程普犹领江夏太守。分长沙而置汉昌郡,以鲁肃领汉昌太守,屯陆口,威恩大行,众增万余人。③故就刘备而言,原荆州七郡,南阳犹在曹氏手

---

① 事见《三国志·鲁肃传》。——译者注
② 事见《三国志·鲁肃传》。——译者注
③ 事见《三国志·鲁肃传》。——译者注

中，而江夏全郡及长沙之半，又为孙氏所割，武侯异日所谓"主公之在公安也，北畏曹公之强，东惮孙权之逼，近则惧孙夫人生变于肘腋之下"①，正指此时而言也。

当此之时，曹操作铜雀台于邺城，多蓄姬妾，以其子曹丕为五官中郎将，置官属，为丞相副，似见其志骄意满，而犹还让三县之封，明其本志②，则曹操未尝老悖，明矣。

次年，马超、韩遂扰关中，曹操乃冒险途，与羌胡战；孙权趁交州之乱，以步骘领刺史，以交趾太守士燮甚得地方之人心，又奉承节度，于是岭南全土服属孙权；而独刘备兢兢，未得安席。

夫荆州之地，四围限山，而江汉通之东西，至为险要，而四战之地，犹难以独立自守，故武侯之本谋，固保益州之岩阻为根本，以据荆州之上游，则以荆州为其用武之郊，欲为展力之路也。今若仅有荆州，而北方襄阳之要害，曹操占之，东方蕲黄之形胜，实扼淮、楚之咽喉，江汉之会，荆楚之命脉系之，而皆为孙权所占，若一旦与曹、孙启衅，荆州复非刘备所有，于此，则进据益州之计，益不得不急行之也。武侯此际之画策，史未明记，然其日夕与刘备谋者，未必非此计也。

益州别驾张松，为人短小放荡，然识达精果，素忖益州牧刘璋不足与有为，尝窃叹息。曹操克荆州时，刘璋遣张松致敬曹操，时曹操已定荆州，走刘备，不复存录张松，张松以此怨曹操。及曹操败军于赤壁，张松还益州，疵毁曹操，劝刘璋绝之，因说刘璋曰："刘豫州，使君之肺腑，可与交通。"③

裴松之注《三国志·刘璋传》引习凿齿论曰：

> 昔齐桓一矜其功而叛者九国，曹操暂自骄伐而天下三分，皆勤之于数十年内而弃之于俯仰之顷，岂不惜乎！是以君子劳谦日昃，

---

① 事见《三国志·法正传》。——译者注
② 事见《三国志·武帝纪》。——译者注
③ 事见《三国志·刘璋传》。——译者注

虑以下人，功高而居之以让，势尊而守之以卑。情近于物，故虽贵而人厌其重；德治群生，故业广而天下愈欣其庆。夫然，故能有其富贵，保其功业，隆显当时，传福百世，何骄矜之有哉！君子是以知曹操之不能遂兼天下者也。

刘璋遂问张松："谁可使者？"张松乃举法正。法正字孝直，右扶风郿人。建安初，天下饥荒，法正入蜀依刘璋，为新都令，后召署军议校尉，亦不得重用，恨刘璋之不足与有为。法正与张松相善，至是，张松举法正使刘备，法正辞让，不得已而往。既还，为张松称刘备有雄略，遂密共戴奉，而未有缘。①

周瑜已略定荆州，诣京口，见孙权，进言曰："今曹操新折衄，方忧在腹心，未能与将军连兵相事也。乞与奋威俱进取蜀，得蜀而并张鲁，因留奋威固守其地，好与马超结援。瑜还与将军据襄阳以蹙操，北方可图也。"②夫马超、孙瑜由关中、汉中为之犄，而孙权、周瑜由襄阳为之角，不患中原不动摇，公瑾之计，若大得逞，则孙氏之帝业，未必不成其功也。是亦与武侯由秦川、宛洛两路兵发中原之说暗合，真所谓英雄所见略同也。

孙权许之，周瑜乃还江陵，为行装，而道于巴丘病卒，时年三十六岁。然孙氏图益州之计，未止于此，其行军也，以途必由荆州，孙权乃遣使谋之刘备，刘备不许。此固当然之事耳，刘备已认武侯三分之策，而孙氏之图益州，岂其所乐见耶？至其往复之语，《三国志·先主传》及裴松之注引《献帝春秋》与《三国志·鲁肃传》，各互有歧。

《献帝春秋》曰：

> 孙权欲与备共取蜀，遣使报备曰："米贼张鲁居王巴、汉，为曹操

---

① 事见《三国志·法正传》。——译者注
② 事见《三国志·周瑜传》。按，奋威，指孙瑜，系孙坚之弟孙静次子，即孙权之从弟。详见《三国志·吴书·宗室传》。——译者注

耳目,规图益州。刘璋不武,不能自守。若操得蜀,则荆州危矣。今欲先攻取璋,进讨张鲁,首尾相连,一统吴、楚,虽有十操,无所忧也。"备欲自图蜀,拒答不听,曰:"益州民富强,土地险阻,刘璋虽弱,足以自守。张鲁虚伪,未必尽忠于操。今暴师于蜀、汉,转运于万里,欲使战克攻取,举不失利,此吴起不能定其规,孙武不能善其事也。曹操虽有无君之心,而有奉主之名,议者见操失利于赤壁,谓其力屈,无复有远志。今操三分天下已有其二,将欲饮马于沧海,观兵于吴会,何肯守此坐须老乎?今同盟无故自相攻伐,借枢于操,使敌承其隙,非长计也。"权不听,遣孙瑜率水军住夏口。备不听军过,谓瑜曰:"汝欲取蜀,吾当被发入山,不失信于天下也。"使关羽屯江陵,张飞屯秭归,诸葛亮据南郡,备自住孱陵。权知备意,因召瑜还。

《先主传》曰:

权遣使云欲共取蜀,或以为宜报听许,吴终不能越荆有蜀,蜀地可为己有。荆州主簿殷观进曰:"若为吴先驱,进未能克蜀,退为吴所乘,即事去矣。今但可然赞其伐蜀,而自说新据诸郡,未可兴动,吴必不敢越我而独取蜀。如此进退之计,可以收吴、蜀之利。"先主从之,权果辍计。迁观为别驾从事。

《鲁肃传》曰:

益州牧刘璋,纲维颓驰,周瑜、甘宁并权取蜀,权以咨备,备内欲自规,乃伪报曰:"备与璋托为宗室,冀凭英灵,以匡汉朝。今璋得罪左右,备独竦惧,非所敢闻,愿加宽贷。若不获请,备当放发归于山林。"

其歧如此,而裴松之注并未就此辩一辞,事颇可疑。由当日之情势察之,《献帝春秋》所记,据是年前后曹操与孙权相争于江淮之间,又据周瑜之策,似为造辞;《鲁肃传》之语,以修饰太过,且二书"被发"之言,在孙、刘之衅尚未明启之日,似不宜有此等语;唯《先主传》之语,最近情实。

抑孙权亦不欲遽废其宿谋,使孙瑜治水军于夏口,而刘备暗中为其西进益州计,又飞播"被发"之语,以威吓之,计或当如所出也。

建安十六年(211),曹操遣钟繇击汉中张鲁,刘璋闻之惧,张松因说刘璋曰:"曹公兵强,无敌于天下,若因张鲁之资,以取蜀土,谁能御之者乎?"刘璋曰:"吾固忧之而未有计。"张松曰:"刘豫州,使君之宗室,而曹公之深仇也。善佣兵,若使讨鲁,鲁必破。鲁破,则益州强,曹公虽来,无能为也。今州中诸将庞羲、李异等,皆恃功骄豪,欲有外意,不得豫州,则敌攻其外,民攻其内,必败之道也。"刘璋然之,遣法正将四千人迎刘备。①

主簿黄权谏曰:"左将军有骁名,今请到,欲以部曲遇之,则不满其心;欲以宾客礼待,则一国不容二君。若客有泰山之安,则主有累卵之危。可但闭境,以待河清。"刘璋不听。② 从事王累自倒悬于州门以谏言,刘璋一无所纳。③ 法正至荆州,既宣刘璋之旨,阴献策于刘备曰:"以明将军之英才,乘刘牧之懦弱;张松,州之股肱,以响应于内;然后资益州之殷富,据天府之险阻,以此成业,犹反掌也。"④

先是,刘备领荆州,以从事庞统守耒阳令,在县不治,免官。鲁肃遗刘备书曰:"庞士元非百里才也,使处治中、别驾之任,始当展其骥足耳。"武侯以言之于刘备,刘备与庞统见谈,大器之,以为治中从事,亲待亚于武侯,遂与武侯并为军师中郎将。⑤

据裴松之注《三国志·庞统传》引《襄阳记》,庞统乃庞德公从子,所谓凤雏者也。少未有识者,惟庞德公重之,年十八,使往见司马德操。司马德操与语,既而叹曰:"德公诚知人,此实盛德也。"《三国志》本传谓其少时朴钝,未有识者。颍川司马徽清雅有知人鉴,庞统弱冠往见司马徽,司马徽采桑于树上,使庞统坐于树下,共语自昼至夜。司马徽甚异之,称

---
① 事见《三国志·先主传》《三国志·刘璋传》。——译者注
② 事见《三国志·黄权传》。——译者注
③ 事见《三国志·刘璋传》。——译者注
④ 事见《三国志·法正传》。——译者注
⑤ 事见《三国志·庞统传》。——译者注

庞统当为南州士之冠冕,由是见显。

《襄阳记》"伏龙凤雏"之语,并出于庞德公,由司马徽传之刘备,而据《三国志·诸葛亮传》,荐武侯者,独举徐庶,而未举司马徽,且并无称庞统为"凤雏"之语。若司马徽果有"伏龙凤雏"之语,而庞统年长武侯三岁①,刘备三顾茅庐之时,何独遗庞统耶?岂因庞统此时已为郡之功曹,而遽不能召之耶?是亦不切当时之情实。且庞统之名,颇为吴人所闻,然刘备免其官,而犹不顾惜之,及鲁肃、武侯荐之,乃见,决非夙闻其名者,况刘备急于网罗人才耶?故《襄阳记》之说,"凤雏"之语,颇难以信。且庞德公之为人,神龙见首不见尾,颇疑其乃乌有先生。《三国志·诸葛亮传》荐者唯取司马徽,而无"伏龙凤雏"之语,恐系陈寿剪裁之苦心,而非失之粗失。

且说法正来迎刘备,庞统乃说刘备曰:"荆州荒残,人物殚尽,东有孙氏,北有曹氏,鼎足之计,难以得志。今益州国富民强,户口百万,四部兵马,所出必具,宝货无求于外,今可权借以定大事。"刘备曰:"今指与吾水火者,曹操也。操以急,吾以宽;操以暴,吾以仁;操以谲,吾以忠;每与操反,事乃可成耳。今以小故而失信义于天下者,吾所不取也。"庞统曰:"权变之时,固非一道所能定也。兼弱攻昧,五伯之事。逆取顺守,报之以义,事定之后,封以大国,何负于信?今日不取,终为人利耳。"②刘备然之,乃留武侯、关羽等守荆州,以赵云领留营司马,亲将步卒数万人入益州。

由此,庞统、法正随刘备入蜀,专参其帷幄,而武侯留守荆州之功,见于史者,特阻孙夫人欲将后主阿斗还吴一事耳。孙夫人以孙权之妹而骄豪,多将吴之吏兵,纵横不法,是刘备识赵云之严重,必能整齐之,所以特任掌内事。孙权闻刘备西征,乃遣大舟船迎妹,孙夫人欲将刘备之子阿

---

① 庞统生于汉灵帝光和二年(179),诸葛亮生于光和四年(181),应年长两岁。——译者注
② 事见裴松之注《三国志·庞统传》引《九州春秋》。——译者注

斗还吴,武侯因遣张飞、赵云勒兵截江,乃得阿斗还。①

刘备答庞统之言,于论三分之形势,亦不宜有所遗。盖启割据之势者,以董卓、袁绍为首,董卓毙而袁绍强,乃甲于天下。曹操之起也,实以其微弱之众,与之争衡。当时荀彧尝为曹操说成败之数,曰:"古之成败者,诚有其才,虽弱必强,苟非其人,虽强易弱,刘、项之存亡,足以观矣。今与公争天下者,唯袁绍尔。绍貌外宽而内忌,任人而疑其心;公明达不拘,唯才所宜,此度胜也。绍迟重少决,失在后机;公能断大事,应变无方,此谋胜也。绍御军宽缓,法令不立,士卒虽众,其实难用;公法令既明,赏罚必行,士卒虽寡,皆争致死,此武胜也。绍凭世资,从容饰智,以收名誉,故士之寡能好问者多归之;公以至仁待人,推诚心不为虚美,行己谨俭,而与有功者无所吝惜,故天下忠正效实之士,咸愿为用,此德胜也。夫以四胜辅天子,扶义征伐,谁敢不从?绍之强其何能为?"②曹操之所以克袁绍者,实如荀彧所揆。

袁氏已灭,曹氏之土,已跨八州,而与之争衡者,刘备也。刘备未有寸土,视曹操以兖、豫、司隶以对袁氏之冀、青、幽、并,其势更难。故仅以

---

① 事见裴松之注《三国志·赵云传》引《云别传》。——译者注
② 事见《三国志·荀彧传》。郭嘉亦有"十胜十败"之说,事见裴松之注《三国志·郭嘉传》引《傅子》:"太祖(指曹操)谓嘉曰:'本初拥冀州之众,青、并从之,地广兵强,而数为不逊,吾欲讨之,力不敌,如何?'对曰:'刘、项之不敌,公所知也。汉祖唯智胜,项羽虽强,终为所擒。嘉窃料之,绍有十败,公有十胜,虽兵强,无能为也。绍繁礼多仪,公体任自然,此道胜,一也。绍以逆动,公奉顺以率天下,此义胜,二也。汉末政失于宽,绍以宽济宽,故不摄;公纠之以猛,而上下知制,此治胜,三也。绍外宽内忌,用人而疑之,所任唯亲戚子弟;公外易简而内机明,用人无疑,唯才所宜,不间远近,此度胜,四也。绍多谋少决,失在后事;公策得辄行,应变无穷,此谋胜,五也。绍因累世之资,高议揖让,以收名誉,士之好言饰外者多归之;公以至心待人,推诚而行,不为虚美,以俭率下,与有功者无所吝啬,士之忠正远见而有实者皆愿为用,此德胜,六也。绍见人饥寒,恤念之形于颜色,其所不见,虑或不及也,所谓妇人之仁耳;公于目前小事,时有所忽,至于大事,与四海接,恩所加,皆过其望,虽所不见,虑之所周,无不济也,此仁胜,七也。绍大臣争权,谗言惑乱;公御下以道,浸润不行,此明胜,八也。绍是非不可知;公所是进之以礼,所不是正之以法,此文胜,九也。绍好为虚势,不知兵要,公以少克众,用兵如神,军人恃之,敌人畏之,此武胜,十也。'太祖笑曰:'如卿所言,孤何德以堪之也。'嘉又曰:'绍方北击公孙瓒,可因其远征,东取吕布。不先取布,若绍为寇,布为之援,此深害也。'太祖曰:'然。'"——译者注

行旅败残之余,割据一隅,虽终不能兵加于曹氏,立国又何其之晚,可用之人才,又远不如曹魏、孙吴之多,然能历万难而延汉祚四十余年者,如刘备自道"每与操反,事乃可成耳"。其得士民之心,收揽人物,皆以此道也。曹操为袁绍之所反,而刘备又为曹操之所反,此亦实与时局之转移有大关联也。曹操闻荀彧之言,方明其得失,而刘备则能自审其长短而利用之,孰谓刘备之智不及曹操耶?

是以刘备已入巴蜀,刘璋供奉无至,赠遗巨亿,而与刘备会于涪,庞统谓刘备曰:"今因此会,便可执之,则将军无用兵之劳,而坐定一州也。"刘备曰:"初入他国,恩信未著,此不可也。"①北到葭萌,未即讨张鲁,而厚树恩德,以收众心。孙权闻曹氏之至,因求救于刘备。刘备以东归之意告刘璋,并援兵资实,刘璋所给甚寡。又,张松之谋败露,为刘璋所杀,刘璋因敕关戍诸将,文书勿复关通刘备。刘备大怒,责刘璋之不信,反兵公然与刘璋相攻。②

皆是宽,是仁,是忠,刘备于刘琮之能忍,固发性情之自然,而于刘璋之不能忍,尝有所利用性情也,是刘备舍自用,而委任谋臣之效也。武侯向不能拒刘备之自然以攻刘琮,而庞统、法正今敏其利用,是亦武侯与二

---

① 事见《三国志·庞统传》。——译者注
② 《三国志·庞统传》:刘备听庞统所言之中计,夺涪城之后,"置酒作乐,谓统曰:'今日之会,可谓乐矣。'统曰:'伐人之国而以为欢,非仁者之兵也。'先主醉,怒曰:'武王伐纣,前歌后舞,非仁者邪? 卿言不当,宜速起出!'于是统逡巡引退。先生寻悔,请还。统复故位,初不顾谢,饮食自若。先生谓曰:'向者之论,阿谁为失?'统对曰:'君臣俱失。'先生大笑,宴乐如初。"

裴松之注引习凿齿曰:"夫霸王者,必体仁义以为本,仗信顺以为宗,一物不具,则其道乖矣。今刘备袭夺璋土,权以济业,负信违情,德义俱愆,虽功由是隆,宜大伤其败,譬断手全躯,何乐之有? 庞统惧斯言之泄宣,知其君之必悟,故欣中匡其失,而不修常谦之道,矫然太当,尽其謇谔之风。夫上失而能正,是有臣也,纳胜而无执,是从理也;有臣则陛隆堂高,从理则群策毕举;一言而三善兼明,暂谏而义彰百代,可谓达乎大体矣。若惜其小失而废其大益,矜此过言,自绝远谠,能成业济务者,未之有也。"

裴松之以为:"谋袭刘璋,计虽出于统,然违言成功,本由诡道,心既内疚,则欢情自戢,故闻备称乐之言,不觉率尔而对也。备酣宴失时,事同乐祸,自比武王,曾无愧色,此备有非而统无失,其云'君臣俱失',盖分谤之言耳。习氏所论,虽大旨无乖,然推演之辞,近为流宕也。"——译者注

人之别乎？取益州，乃武侯之本谋，袭刘璋之事，武侯虽无未知之理，然武侯既以庞统、法正二人专任其谋，而以二人之所为，尽归咎于武侯，又可谓太酷。

唯图益州之事，不能不杂以诈力，武侯亦固知之，抑不能断武侯与二人之品性无差耳。且此时为何等之时，区区守信，竟恣兴复汉室之大计，乃刘备君臣最忌之处，刘璋暗弱不能守，则逆取顺守之。刘备既已误之荆州，若再误之益州，以绳墨之规，律变乱之际、奇谋之士，往往有不当者，论古者所当为深致意。苏东坡尝论之，用仁义杂诈力以取天下，此孔明之所以失①，遂亦太局。明人王世贞则辩驳之，曰：

> 苏子瞻以用仁义杂诈力以取天下，为孔明之所以失。而谓刘表之丧，昭烈在荆州，孔明使袭而取其孤，昭烈不忍。其后刘璋以好逆之，至不数月，扼其吭，拊其背，而夺之国，其于曹操异者几希。

---

① 苏轼《诸葛亮论》："取之以仁义，守之以仁义者，周也。取之以诈力，守之以诈力者，秦也。以秦之所以取取之，以周之所以守守之者汉也。仁义诈力杂用以取天下者，此孔明之所以失也。

曹操因衰乘危，得逞其奸，孔明耻之，欲信大义于天下。当此时，曹公威震四海，东据许、兖，南牧荆、豫，孔明之恃以胜之者，独以其区区之忠信，有以激天下之心耳。夫天下廉隅节概慷慨死义之士，固非心服曹氏也，特以威劫而强臣也，闻孔明之风，宜其千里之外有响应者，如此则虽无措足之地而天下固为之用矣。且夫杀一不辜而得天下，有所不为，而后天下忠臣义士乐为之死。刘表之丧，先主在荆州，孔明欲袭杀其孤，先主不忍也。其后刘璋以好逆之至蜀，不数月，扼其吭，拊其背，而夺之国。此其与曹操异者几希矣。曹、刘之不敌，天下之所知也。言兵不若曹操之多，言地不若曹操之广，言战不若曹操之能，而有以一胜之者，区区之忠信也。孔明迁刘璋，既已失天下义士之望，乃始治兵振旅，为仁义之师，东向长驱，而欲天下响应，盖亦难矣。

曹操既死，子丕代立，当此之时，可以计破也。何者？操之临终，召丕而属之植，未尝不以谭、尚为戒也。而丕与植，终于相残如此。此其父子兄弟且为寇仇，而况能以得天下英雄之心哉！此有可间之势，不过捐数十万金，使其大臣骨肉内自相残，然后举兵而伐之，此高祖所以灭项籍也。孔明既不能全其信义以服天下之心，又不能奋其智谋，以绝曹氏之手足，宜其屡战而屡却哉！故夫敌有可间之势，而不间者，汤、武行之为大义，非汤、武而行之为失机。此仁人君子大患也。

吕温以为孔明承桓、灵之后，不可强民以思汉，欲其播告天下之民，且曰：'曹氏利汝吾事之，害汝吾诛之。'不知蜀之与魏，果有以大过之乎！苟无以大过之，而又决不能事魏，则天下安肯以空言谏动哉？呜呼！此书生之论，可言而不可用也。"

吾以苏子,书生也,不识理势,且又不读书,不考其时事。夫荆州用武之地,孔明之初见昭烈已言之,昭烈不得荆州,不可亦抗曹氏;曹氏不得荆州,不可以灭昭烈而扼江左之上游,然则曹氏未尝一日而忘荆州与昭烈也。昭烈以左将军领豫州牧,刘表仅镇南将军领荆州牧,其位在表上,特以羁旅相依,粗具契谊,非有君臣之分也。表,天子之一刺史,非世守之国也。表,兄也,昭烈,弟也,兄终弟及,非过也。取之固可,否则,表、琦为刺史,而身辅之,以拒曹氏,亦可。昭烈之不忍,固仁也,而孔明之计,非不义也。当阳之败,幸而夏口之有归,又幸而孙权不与曹氏合耳。不然,昭烈之首,已悬于许昌矣。吾故曰:苏子不晓理势也。

昭烈之入蜀,刘璋逆之,欲破张鲁,孔明不在行也。其即会而欲掩刘璋者,庞统、法正也,而昭烈不忍也。既刘璋微觉之,而不给军食,所至以兵守关隘,昭烈欲归荆州,而跋尾之不能,且立槁矣。刘璋,焉子也,焉不恤宗室之颠危,而据险自固,朝贡俱废,又擅造郊祀、乘舆、法物,非叛臣而何?璋之立,未请命也,曹氏之拜官,曹氏与国而已,仗义以讨之,夫谁曰不宜?吾故曰:苏子不读书,又不考其时事也。

此论足以破苏子之拘,而至回护其取蜀,亦不免别有所拘。建安以后,割据之势成,天子号令之不行久之,孙权犹梦桓、文之事,鲁肃早陈帝王之大略,当此时而喋喋论名分,道仗义讨伐,亦不迂而何?要之,刘备心存汉室,然又以得民心,如武侯,至其小节,可略之矣。

刘备动辄曰不失义名,欲以反曹操之所谓,蕞尔益州,其主不武,而入蜀三年,州县继踵而降,兵势虽益强,而未全平也。其攻雒城且弥一年,武侯因此以关羽镇荆州,而与张飞、赵云等将兵溯流,克巴东,破巴郡,分遣赵云由外水定江阳、犍为,张飞定巴西、德阳。庞统从刘备攻雒城,中流矢,卒,年三十六。

既溃雒城,刘备进围成都,武侯、张飞、赵云引兵会之。是时,马超已为曹操所败,依张鲁,后知张鲁之不足与计事,亦来附刘备。马超固有骁名,城中震怖,围攻数十日,而刘璋遂出降。刘备迁刘璋于公安,尽归其财物及故佩振威将军印绶。刘备入成都,自领益州牧,以武侯为军师将军,署左将军府事,此建安十九年(214)也①。

初,刘备之袭蜀,丞相掾赵戬语曹操曰:"刘备其不济乎?拙于佣兵,每战必败,奔亡不暇,何以图人?蜀虽小区,险固四塞,独守之国,难卒并也。"征士傅干曰:"刘备宽仁有度,能得人死力。诸葛亮达治知变,正而有谋,而为之相;张飞、关羽勇而有义,皆万人之敌,而为之将。此三人者,皆人杰也。以备之略,三杰佐之,何为不济也?"②

傅干之言,乃系事后之论,当时曹魏之人所云,虽非尽如赵戬,然亦大体如是,此刘备所以坐得其根基也。然此曹魏之势,又实有未能与刘备争难者。曹操遣钟繇击张鲁之时,夏侯渊出河东,与钟繇相会,韩遂、马超等由是生疑,十部皆反。及战,曹操尝窘于马超,将危,终虽为曹操所破,然马超余党屡扰,至其归附刘备之前,关中殆无宁日。且曹操西征之日,河间之民田银反,煽动冀州,又方与孙权相拒于江淮之间。盖曹操已败于赤壁,刘备益雄,故其经略东南,不复由荆州出,而孙权又觊觎合肥,曹操之畏孙权,未如刘备,故开衅江淮,乃锐意向此。

赤壁一败,翌年,已出兵合肥;关中稍定,复将兵四十万到濡须,与孙权七万众相拒。其在东南、西北,并结兵不解如此,是曹操并非不恐刘备之事济,因逾马超、张鲁之地而与之相从事,盖不能也。且既迟于刘备,故比及他处已平,而刘备未定巴蜀,亦出曹操之所料。至孙权,渐与刘备不睦,又未至全然绝好,且亦与曹操相拒,吕蒙筑坞濡须之策,

---

① 以上事分见于《三国志》之《诸葛亮传》《张飞传》《赵云传》《庞统传》《马超传》《刘璋传》《先主传》。——译者注
② 事见裴松之注《三国志·先主传》引《傅子》。裴注引《典略》:"赵戬,字叔茂,京兆长陵人。质而好学,言称《诗》《书》,爱恤于人,不论疏密。辟公府,入为尚书选部郎。董卓欲以所私并充台阁,戬拒不听。卓怒,召戬,欲杀之。观者皆为戬惧,而戬自若。及见卓,引辞正色,陈说是非,卓虽凶戾,屈而谢之,迁平陵令。故future王允被害,莫敢近者,戬弃官收敛之。三辅乱,戬客荆州,刘表以为宾客。曹公平荆州,执戬手曰:'何相见之晚也!'遂辟为掾。后为五官将司马、相国钟繇长史,年六十余卒。"——译者注

固专为御北。① 若孙权移治秣陵，改号建业，长史张纮说以山川之形势②，刘备虽亦曾劝孙权居之③，实亦图与曹氏相拒形便也。而孙权之治所，与刘备之地益远，其刘备在蜀、曹操东下之日，孙权召刘备以自救，无遑复为图刘备之计，故刘备之经略益州，虽费三岁而终得以成也。

张勃《吴录》曰："刘备曾使诸葛亮至京，因睹秣陵山阜，乃叹曰：'钟山龙蟠，石城虎踞，帝王之宅也。'"是刘备以劝孙权者，岂由武侯言之耶？其后，秣陵遂为六朝之帝都，明太祖亦据其形胜而都之，以成大业。

明人计东曰：

> 古鲁肃、诸葛亮之徒，必断然有数语，于战守之要害、立国之形胜，一望而定之，其君奉以为准的。宁听者无新奇之喜，言者受拘懦之讥，而策今日一定，事必尽后图，而行之者得以次第成功。

是故益州之经略，武侯亲在行阵之间，参帷幄之中，其在垂成之日，与庞统、法正，盖赞刘备而处置之，跨有荆益之论，实发于草庐对策之日。刘备之为业也，若尽循武侯之成规，则蚕丛之地④开帝业者，武侯其功罪两当之也。

明人王志坚⑤又有武侯取益州之论，其意略同王世贞，特以其举事实稍详确者，并附记于此。其论云：

> 刘焉以益州有天子气，求为州牧，后擅杀汉中太守苏固、犍为太守任歧、校尉贾龙，作乘舆车具千余。帝使其子璋谕焉，焉留不遣。焉死，璋立。未久，出兵攻刘表。征为卿，不至。然则焉父子虽汉臣，其实汉贼耳。世儒以昭烈之取蜀为不义，不尽考本末也。

---

① 事见裴松之注《三国志·吕蒙传》引《吴录》。——译者注
② 事见裴松之注《三国志·张纮传》引《江表传》。——译者注
③ 事见裴松之注《三国志·张纮传》引《献帝春秋》。——译者注
④ 蚕丛之地，指蜀地。蚕丛，又称蚕丛氏，古代神话传说中的蚕神，是蜀帝首位称王之人。——译者注
⑤ 王志坚(1576—1633)，字弱生，一字闻修，号淑士，晚明学者，著有《读史商语》。——译者注

第六章　平汉中、失荆州及武侯前半生总论

孙权尝有取巴蜀之志，而刘备阻之，及刘备西征，孙权闻之，曰："猾虏乃敢挟诈。"益疑刘备。若发舟船以迎妹，孙、刘之衅渐深。此时，刘备留关羽守江陵，鲁肃与关羽临界，关羽数生狐疑，疆场纷错，鲁肃常以欢好抚之。① 及刘备已定益州，孙权乃遣武侯之兄诸葛瑾，求荆州之长沙、零陵、桂阳诸郡。刘备曰："吾方图凉州，凉州若定，乃尽以荆州相与耳。"孙权曰："此假而不反，而欲以虚辞引岁。"遂置长沙、零陵、桂阳三郡之长吏。关羽尽逐之。孙权大怒，遣吕蒙督军二万，以取三郡。使鲁肃以万人屯巴丘，以御关羽。孙权自驻陆口，为诸军之节度。吕蒙移书下长沙、桂阳二郡，望风归服，惟零陵太守郝普不降。② 刘备闻之，亲引兵五万至公安，使关羽入益阳。孙权飞书召吕蒙，还助鲁肃。吕蒙使人诱郝普，郝普降，即引军赴益阳，与鲁肃合并御关羽。③

鲁肃欲与关羽会语，诸将疑恐有变，议不可往。鲁肃曰："今日之事，宜相开譬。刘备负国，是非未决，羽亦何敢重欲干命？"乃趋就关羽。关

---

① 事见《三国志·鲁肃传》。——译者注
② 事见《三国志·吴主传》。——译者注
③ 事见《三国志·吕蒙传》。——译者注

羽曰："乌林之役，左将军身在行间，寝不脱介，勠力破魏，岂得徒劳而无一块壤？而足下来欲收地邪？"鲁肃曰："不然。始与豫州观于长坂，豫州之众，不当一校，计穷虑极，志势摧弱，图欲远窜，望不及此。主上矜愍豫州之身无有处所，不爱土地士人之力，使有所庇荫，以济其患。而豫州私独饰情，愆德隳好，今已借手于西州矣，又欲剪并荆州之土，斯盖凡夫所不忍行，而况整领人物之主乎？肃闻贪而弃义，必为祸阶。吾子属当重任，曾不能明道处分，以义辅时，而负恃弱众，以图力争，师曲为老，将何获济？"关羽无以答。

此裴松之注《三国志·鲁肃传》引《吴书》所述，然《鲁肃传》所记颇不同：

  肃邀羽相见，各驻兵马百步上，但诸将军单刀俱会。肃因责数羽曰："国家区区本以土地借卿家者，卿家军败远来，无以为资故也。今已得益州，既无奉还之意，但求三郡，又不从命。"语未究竟，坐有一人曰："夫土地者，惟德所在耳，何常之有？"肃厉声呵之，辞色甚切。羽操刀起，谓曰："此自国家事，是人何知。"目使之去。备遂割湘水为界，于是罢军。

会刘备闻曹操击张鲁，入汉中，虑益州之危急，遂与孙权连和。孙权使诸葛瑾报命，更寻盟好，遂分荆州，以湘水为界，长沙、江夏、桂阳，东属孙权，南郡、零陵、武陵，西属刘备，此建安二十年(215)之事也①。

此时，诸葛瑾至蜀，与武侯俱公会相见，退无私面，《三国志·诸葛瑾传》称亦以见诸葛兄弟之公正谨慎②。

荆州之地，假而不返，世人颇于蜀汉君臣之背信颇有所憾，然尚有不易明其实者，赵翼有论"借荆州说"之非。其论见于《廿二史札记》，最有

---

① 事见《三国志·先主传》。——译者注
② 《三国志·诸葛瑾传》似并无此语。而裴松之注引《吴书》曰："初，瑾为大将军，而弟亮为蜀丞相，二子恪、融皆典戎马，督领将帅，族弟诞又显名于魏，一门三方为冠盖，天下荣之。瑾才略虽不及弟，而德行尤纯。妻死不改娶，有所爱妾，生子不举，其笃慎皆如此。"——译者注

理有据之言,故引录于此,以匡世论之误。其论曰:

借荆州之说,出自吴人事后之论,而非当日情事也。《江表传》谓:"破曹操后,周瑜为南郡太守,分南岸地以给刘备。而刘表旧吏士自北军脱归者,皆投备,备以所给地不足供,从孙权借荆州数郡焉。"《鲁肃传》亦谓:"备诣京见权,求都督荆州。肃劝权借之,共拒操。操闻权以地资备,方作书,落笔于地。"后肃邀关羽索荆州,谓羽曰:"我国以土地借卿家者①,卿家军败远来,无以为资故也。"权亦论"肃有二长,惟劝吾借玄德地,是其一短"。

此借荆州之说之所由来,而皆出吴人语也。夫"借"者,本我所有之物而假与人也。荆州本刘表地,非孙氏故物。当操南下时,孙氏江东六郡,方恐不能自保,诸将咸劝权迎操,权独不愿。会备遣诸葛亮来结好,权遂欲藉备共拒操。其时但求敌操,未敢冀得荆州也。

亮之说权也,权即曰"非刘豫州莫可敌操者"。乃遣周瑜、程普等,随亮诣备,并力拒操。是且欲以备为拒操之主而己为从矣!亮又曰"将军能与豫州同心破操,则荆、吴之势强,而鼎足之形成矣!"是此时早有三分之说,而非乞权取荆州而借之也。赤壁之战,瑜与备共破操。华容之役,备独追操。其后围曹仁于南郡,备亦身在行间。未尝独出吴之力,而备坐享其成也。

破曹后,备诣京见权,权以妹妻之。瑜密疏请留备于京,权不纳,以为"正当延揽英雄"。是权方恐备之不在荆州以为屏蔽也。

操走出华容之险,喜谓诸将曰:"刘备,吾俦也,但得计少晚耳。"是操所指数者惟备,未尝及权也。程昱在魏,闻备入吴,论者多以为权必杀备,昱曰:"曹公无敌于天下,权不能当也,备有英名,权必资之以御我。"是魏之人亦只指数备,而未尝及权也。

即以兵力而论,亮初见权曰:"今战士还者及关羽精甲共万人,

---

① 《三国志·鲁肃传》此句原文作"国家区区本以土地借卿家者",见上引文。——译者注

刘琦战士亦不下万人。"而权所遣周瑜等水军亦不过三万人,则亦非十倍于备也。

且是时,刘表之长子琦尚在江夏,破曹后,备即表琦为荆州刺史,权未尝有异词,以荆州本琦地也。时又南征四郡,武陵、长沙、桂阳、零陵皆降。琦死,群下推备为荆州牧。备即遣亮督零陵、桂阳、长沙三郡,收其租赋,以供军实。又以关羽为襄阳太守、荡寇将军,驻江北。张飞为宜都太守、征虏将军,在南郡。赵云为偏将军,领桂阳太守。遣将分驻,惟备所指挥,初不关白孙氏,以本非权地,故备不必白权,权亦不来阻备也。

迨其后三分之势已定,吴人追思赤壁之役,实藉吴兵力,遂谓荆州应为吴有,而备据之,始有借荆州之说。抑思合力拒操时,备固有资于权,权不亦有资于备乎?权是时但自救危亡,岂早有取荆州之志乎?羽之对鲁肃曰:"乌林之役,左将军寝不脱介,勠力破曹,岂得徒劳无一块土?"此不易之论也。

其后吴、蜀争三郡,旋即议和,以湘水为界,分长沙、江夏、桂阳属吴,南郡、零陵、武陵属蜀,最为平允。而吴君臣伺羽之北伐,袭荆州而有之,反捏一借荆州之说,以见其取所应得,此则吴君臣之狡词诡说,而借荆州之名,遂流传至今,并为一谈,牢不可破,转似其曲在蜀者,此耳食之论也。

唯此论亦有未尽之处。初,赤壁战后,刘备定荆南四郡,而周瑜则尽力于江岸,夷陵、江陵,相继陷之。周瑜死,程普代之,领南郡太守。愚意周瑜予刘备所谓南岸之地,特江陵附近之地耳,并非荆南四郡也。故至刘备求督荆州于孙权,程普去南郡之守,还江夏,其余如分长沙置汉昌郡,以鲁肃守之以外,别无移动之所。而孙权求还荆州数郡者,《三国志·鲁肃传》以为长沙、零陵、桂阳三郡,然孙氏尝以南郡借刘备,而其地与巴蜀密迩,当遽求刘备还之,乃以长沙、零陵、桂阳等与江东毗连之地以代偿,似其所求未必非荆州全土,而刘备以其所求过大,不肯许之。

第六章　平汉中、失荆州及武侯前半生总论

又,关羽声名,威震华夏,其在荆州,乃吴人所不欲,嫉恶之念,以煽动之,竟至成衅隙。故借荆州之说,并非全出吴人之诡词,然吕蒙之袭取关羽,则其曲全在孙氏矣。

且吴人之求割荆州,亦自当时之形势不得不然也。夫孙氏之地,江东数郡,未能包扬州之全土,而荆州之地,不过江夏、汉昌二郡,虽绥服交州,地已僻远,无利于争中原,而刘备已领荆州,又新得益州。据《后汉书·郡国志》,扬州人口四百三十余万,而九江、庐江等孙氏所占之地,所剩不过三百五十万,加之江夏、汉昌,更兼交州,亦不逾五百四五十万;而益州除张鲁汉中之地外,人口尚近七百万,更有南中四郡,治御未浃者,犹有四百万口,南中之叛乱,武侯南征,虽在刘备死后,此固刘备之威望使归服无疑,加之荆州数郡之地,以三百余万口计,则其数复在孙氏之上;且江东已颇罹兵祸,荆州之荒残,亦如庞统所言,而益州则未尝受中原战乱之扰。孙氏君臣忌刘备之富强,亦势所必然也。

矧刘备之英名,到处得人心,士皆冀为之死,是固已足使孙氏畏惮,周瑜等忌还之迹所以渐著。其在荆州,刘表之吏士自北而还者,不归孙氏,而归刘备,其长在此。刘备善收揽人心,乃吴人最不愿见之处。若鲁肃磊落公明、能见大小强弱之机、胸中不存芥蒂者,于孙、刘二氏君臣之扰扰,亦不能复如之何。武侯于此际所为者何,不得而知。愚意武侯自随刘备以来,专当足兵足食之任,若萧何之于汉高祖,其余则委之法正等奇谋之士,故《三国志·先主传》谓刘备入蜀之后,"诸葛亮为股肱,法正为谋主,关羽、张飞、马超为爪牙,许靖、糜竺、简雍为宾友",可征之也。

荆州孙、刘之争稍定,而汉中又起曹、刘之争。曹操击张鲁,至阳平,张鲁欲降,而其弟张卫不肯,拒守。既陷,张鲁又欲降,阎圃劝之奔南山,入巴中。时丞相主簿司马仲达言于曹操曰:"刘备以诈力虏刘璋,蜀人未附,而远争江陵,此机不可失也。今若曜威汉中,益州震动,进兵临之,势必瓦解。圣人不能违时,亦不可失时也。"曹操曰:"人苦不足,既得陇右,复欲得蜀。"①

刘晔曰:"明公以步卒五千,将诛董卓,北破袁绍,南征刘表,九州百郡,十并其八,威震天下,势慑海外。今举汉中,蜀人望风,破胆失守,推此而前,蜀可传檄而定。刘备,人杰也,有度而迟,得蜀日浅,蜀人未恃也。今破汉中,蜀人震恐,其势自倾。以公之神明,因其倾而压之,无不克也。若小缓之,诸葛亮明于治而为相,关羽、张飞勇冠三军而为将,蜀民既定,据险守要,则不可犯矣。今不取,必为后忧。"②居七日,蜀降者说:"蜀中一日数十惊,备虽斩之而不能安也。"曹操问刘晔曰:"今尚可击否?"刘晔曰:"今已小定,未可击也。"③乃还。此建安二十年(215),刘备方与孙权争荆州之时也。

《资治通鉴》胡三省注曰:"七日之间,何以遽谓之小定?晔盖窥刘备之守蜀,有不可犯者,故为此言,以对操耳。"此论稍近当时情伪。汉中与蜀中,七八日之间,非不能音讯相通,然曹操之于刘备,其知之者,岂在司马懿、刘晔之下耶?而计又岂出于二人之下耶?盖乌林一役以来,刘备之势愈盛,非复此前运乖之人,其益见不可辱;且由汉中至蜀,道途多险隘,其征张鲁之时,已与预期有所违,叹遇事如人意者少,况对平生第一大敌手刘备乎?履第一险阻之地,而征天下之枭雄刘备,其故不能轻发,宁非曹操之深智乎?

假从司马懿、刘晔之所言,武侯、法正策之于内,关羽、张飞、马超、赵云御之于外;且许靖极有人望,董和、黄权、李严等本刘璋所授用,吴壹、费观等为刘璋之婚亲,彭羕又刘璋所排摈,刘巴宿昔之所忌恨,而刘备皆处者显任,尽其器能,有志之士,无不竞劝;刘备定蜀已一岁有余,较之在江陵,惊魂已定,若以逸待劳,比及曹操涉诸险得近成都,胜败实难可料也。

---

① 事见《晋书·宣帝纪》。——译者注
② 语见《三国志·刘晔传》。——译者注
③ 事见裴松之注《三国志·刘晔传》引《傅子》。——译者注

曹操若深入岩阻,进退不便,而孙、刘又复和,东吴又用力淮西,中原动摇;又难料者,若其不得志,则败局之危殆,比荆州之时,更为惨重,曹操岂能不虑之耶?又,曹操此时在朝廷,逆焰渐扬。其胁杀荀彧,尽言之士,无复忌惮者;进魏公,加九锡,位在诸侯王之上;杀伏皇后及其所生皇子,淫威无所不至。夫年又过六十,虽英雄如彼,气力亦渐不如昔日。其所以能自制,忌克其才而不涉险者,实有其征,是亦曹操不能加于刘备也。苏东坡不察当时之情事,唯据史传之文,仓猝论断,不亦过早乎?

曹操遣将夏侯渊、张郃、徐晃等守汉中,数月后,张鲁降。刘备已与孙氏复和,还至江州。张鲁走巴中之时,黄权说刘备曰:"若失汉中,则三巴不振,此为割蜀之股臂也。"刘备乃以黄权为护军,率诸将迎张鲁。会诸夷率朴胡、杜濩、任约已降曹,张鲁亦相操,黄权遂率军击朴胡等,破之。① 曹操使张郃徇三巴,为巴西太守张飞所败,张郃等收兵还南郑,刘备亦还成都。②

建安二十一年(216),曹操进爵魏王。此时,曹操方用力于东南,至冬,治兵征孙权。延至翌春,四月,曹操设天子之旌旗,出入称警跸;十月,冕十有二旒,乘金银车,驾六马,设五时之副车,以其子曹丕为王太子。③ 其晚景也,甚见多事。

法正由是说刘备曰:"曹操一举而降张鲁,定汉中,不因此势以图巴蜀,而夏侯渊张郃屯守,身遽北还,此非其智不逮而力不足也,必将内有忧逼故耳。今策渊、郃才略,不胜国之将帅,举众往讨,则必可克之。克之之日,广农积谷,观衅伺隙,上可以倾覆寇敌,尊奖王室;中可以蚕食雍、凉,广拓境土;下可以固守要害,为持久之计。此盖天以与我,时不可

---

① 事见《三国志·黄权传》。——译者注
② 事见《三国志·张飞传》。——译者注
③ 事见《三国志·武帝纪》。——译者注

失也。"刘备善其策,乃率诸将进兵汉中,法正亦从行。① 遣张飞、马超、吴兰等,屯武都之下辨,曹操使其将曹洪拒之。②

建安二十三年(218),曹洪破吴兰,斩其将任夔等。张飞、马超走汉中,刘备屯阳平关,与夏侯渊、张郃、徐晃等相拒,使陈式绝马鸣之阁道,为徐晃击破。攻张郃于广石,不能下,急书发益州之兵。武侯以问从事杨洪,杨洪曰:"汉中则益州咽喉,存亡之机会,若无汉中,则无蜀矣,此家门之祸也。方今之事,男子当战,女子当运,发兵何疑?"时法正为蜀郡太守,而从刘备在北,武侯乃表杨洪为蜀郡太守,众事皆办,遂使即真③。

武侯明天下之形胜,岂有独不知汉中、巴蜀之险要之理耶?今乃问杨洪而决其计者,何也?夫益州乃新附之土,刘焉、刘璋父子,虽庸劣之器,以其无大志,则动兵劳民之事,未尝有之,益州之富饶,半受其惠泽;今刘备英雄,一旦得之,则不能使益土与中原阻绝以自远,兵兴连年,其民物之疲敝,决不能鲜;武侯之治御,尚严峻④,民虽知恩威,而为其计不易也。夫萧何守关中,兵食给足,故汉高祖数挫败于外,而竟不屈也。武侯之意谓,益州失其富强,一时之小衄,不足为意,而杨洪则谓汉中之形胜,一日不可失也,武侯因决意发兵。盖杨洪犍为人也,素详于蜀土之形胜、民物之辨证者,武侯之问所以能取决也。观武侯用杨洪代法正为蜀

---

① 事见《三国志·法正传》。——译者注
② 事见《三国志·武帝纪》。——译者注
③ 事见《三国志·杨洪传》。——译者注
④ 裴松之注《三国志诸葛亮传》引《条亮五事》第一事:"亮刑法峻急,刻剥百姓,自君子小人咸怀怨叹。法正谏曰:'昔高祖入关,约法三章,秦民知德。今君假借威力,跨据一州,初有其国,未垂抚末,且客主之义,宜相降下,愿缓刑弛禁,以慰其望。'亮答曰:'君知其一,未知其二。秦以无道,正苛民怨,匹夫大呼,天下土崩,高祖因之,可以弘济。刘璋暗弱,自焉已来有累世之恩,文法羁縻,互相承奉,德政不举,威刑不肃。蜀土认识,专权自恣,君臣之道,渐以陵替;宠之以位,位极则贱,顺之以恩,恩竭则慢,所以致弊,实由于此。吾今威之以法,法行则知恩,限之以爵,爵加则知荣,荣恩并济,上下有节。为治之要,于斯为著。"然裴松之难曰:"法正在刘主(指刘备)前死,今称法正谏,则刘主在也。诸葛职为股肱,事归元首;刘主之世,亮又未领益州,庆赏刑政,不出于己。寻冲(指《条亮五事》作者郭冲)所述亮答,专自有其能,有违人臣自处之宜,以亮谦顺之体,殆必不然。又,云亮刑法峻急,刻剥百姓,未闻善政以刻剥为称。"——译者注

94

第六章 平汉中、失荆州及武侯前半生总论

郡太守等，皆自决之，亦可以知刘备之专任武侯也。

杨洪为犍为太守李严辟为功曹，李严欲徙郡治舍，杨洪固谏不听，遂辞功曹，请退。至此，李严仍为犍为太守，而杨洪已为蜀郡太守，位与之等。杨洪举门下书佐何祗，有才策功干，举郡吏，数年后为广汉太守，时杨洪尚在蜀郡，位亦与杨洪等。是以西土咸服武侯能尽时人之器用也。①

刘备已兵发蜀中，至七月，曹操遂亲征以救汉中，九月，至长安。时夏侯渊任汉中之居守，虽数有战功，而曹操尝戒其不可恃勇②。夏侯渊与刘备相拒已逾年，建安二十四年（219）正月，刘备由阳平之南渡沔水，于定军山作营。夏侯渊将兵来争其地，法正曰："可击矣。"刘备命黄忠乘高鼓噪攻之，大破夏侯军，夏侯渊授首。③张郃引兵还阳平，督军杜袭收散卒，推张郃为军主，众心乃定。④

三月，曹操自长安出斜谷，军遮要以临汉中，闻法正之策，曰："吾故知玄德不办有此，必为人所教也。"⑤刘备要策之曰："曹公虽来，无能为也，我必有汉川矣。"及曹操至，刘备敛众拒险，终不交锋，赵云又破曹兵，曹兵亡者日多。至五月，曹操果引兵还长安，刘备遂有汉中。寻遣其养子刘封、宜都太守孟达攻上庸。七月，刘备自称汉中王，以其子刘禅为王太子。⑥

汉中已得，则益州可守固，中原若有变，秦川反掌可定，荆州虽与孙

---

① 事见《三国志·杨洪传》。——译者注
② 事见《三国志·夏侯渊传》。曹操戒曰："为将当有怯弱时，不可但恃勇也。将当以勇为本，行之以智计；但知任勇，一匹夫敌耳。"——译者注
③ 事见《三国志·法正传》。——译者注
④ 事见《三国志·张郃传》："渊遂没，郃还阳平。当是时，新失元帅，恐为备所乘，三军皆失色。渊司马郭淮乃令众曰：'张将军，国家名将，刘备所惮，今日事急，非张将军不能安也。'遂推郃为军主。郃出，勒兵安陈，诸营皆受郃节度，众心乃定。太祖在长安，遣使假郃节。"裴松之注引《魏略》曰："渊虽为都督，刘备惮郃而易渊。及杀渊，备曰：'当得其魁，用此何为邪？'"——译者注
⑤ 语见《三国志·法正传》。裴松之辩曰："蜀与汉中，其由唇齿也。刘主之智，岂不及此？将计略未展，正先发之耳。夫听用嘉谋，以成功业，霸王之主，谁不皆然？魏武以为人所教，亦岂劣哉！此盖耻恨之余辞，非测实之当言也。"——译者注
⑥ 事见《三国志·先主传》。——译者注

氏分之，苟不失和好，其出宛向洛之计，成之不难，而上庸又下，是关羽所以趁势图襄樊，亦不可谓非一时之善谋。况关羽之威名，夙闻于中原，所任荆州之重镇，又益强盛，建安二十二年（217），遂有京兆金祎、少府耿纪、司直韦晃、太医令吉本等，睹汉祚之将移，谋挟天子以伐魏，又引荆州关羽为援①。

刘备自立汉中王之次月，关羽使糜芳守江陵，傅士仁守公安，自率众攻曹仁于樊城。曹仁使于禁、庞德屯樊北，会大霖雨，汉水溢，平地数丈，于禁等七军皆没。关羽攻之甚急，于禁窘迫，遂降，庞德为关羽所斩。②曹仁欲走，满宠说之曰："闻羽遣别将已在郏下，自许以南，百姓扰扰，羽所以不敢随进者，恐吾军掎其后耳。今若遁去，洪河以南，非复国家有也，君宜待之。"曹仁从之。③ 关羽又别遣将降襄阳④，陆浑之民孙狼等起兵附之，许昌以南，往往遥应关羽，为之支党。关羽威震华夏。

当此之时，孙氏之反复，天下之事，未可易知，武侯素所计者，亦实如此也。其《后出师表》云"东连吴越，西取巴蜀，举兵北征，夏侯授首，此操

---

① 此事当在建安二十三年（218）春正月，事见《三国志·武帝纪》："二十三年春正月，汉太医令吉本与少府耿纪、司直韦晃等反，攻许，烧丞相长史王必营，必与颍川典农中郎将严匡讨斩之"。

　　裴松之注引《三辅决录注》："时有京兆金祎，字德祎，自以为汉臣，自日碑讨莽何罗，忠诚显著，名节累叶。睹汉祚将移，谓可季兴，乃喟然发愤，遂与耿纪、韦晃、吉本、本子邈、邈弟穆等结谋。纪字季行，少有美名，丞相掾，王（指曹操）甚敬异之，迁侍中，守少府。邈字文然，穆字思然，以祎慷慨有日碑之风，又与王必善，因以间之，若杀必，挟天子以攻魏，南援刘备。时关羽在强盛，而王在邺，留必典兵督许中事。文然等率杂人即家僮千余人，夜烧门攻必，祎遣人为内应，射必，中肩。必不知攻者为谁，以素为祎善，走投祎，祎家不知必，谓为文然等，错应曰：'王长史已死乎？卿曹事立矣。'必乃更他路奔。一曰：必欲投祎，其帐下督谓必曰：'今日事竟知谁门而投入乎？'扶必奔南城，会天明，必犹在，文然等众散，故败。后十余日，必竟以创死。"

　　裴注引《献帝春秋》："收纪、晃等，将斩之，纪呼魏王名曰：'恨吾不自生意，竟为群儿所误耳。'晃顿首搏颊，以至于死。"

　　裴注引《山阳公载记》："王（指曹操）闻王必死，盛怒，召汉百官诣邺，令救火者左，不救火者右。众人以为救火者必无罪，皆附左。王以为不救火者非助乱，救火乃实贼也，皆杀之。"——译者注

② 事见《三国志·关羽传》。——译者注
③ 事见《三国志·满宠传》。——译者注
④ 事见《三国志·关羽传》。——译者注

第六章 平汉中、失荆州及武侯前半生总论

之失计,而汉之事将成"者,正此之谓也。然"后吴更违盟,关羽毁败",事之难逆料者,又如武侯之所谓。

盖鲁肃已卒于建安二十二年(217),吴之谋臣,以吕蒙为最。鲁肃常劝孙权,以曹操尚存,且抚辑关羽,与之同仇,不可失也。吕蒙以为关羽素来骁雄,有兼并之心,且居国之上流,其势难久,乃密陈策于孙权曰:"今征虏守南郡,潘璋住白帝,蒋钦将游兵万人循江上下,应敌所在,蒙为国家前据襄阳,如此,何忧于操?而赖于羽?且羽君臣矜其诈力,所在反复,不可以腹心待也。今羽所以未便东向者,以至尊圣明,蒙等尚存也。今不于强壮时图之,一旦僵仆,欲复陈力,其可得邪?"①孙权深纳其言。又聊复与论先取徐州,然后及关羽。吕蒙对曰:"操远在河北,新破诸袁,抚集幽、冀,未暇东顾。徐土守兵,闻不足言,往自可克,然地势陆通,骁骑所骋,至尊今日得徐州,操后旬必来争,虽以七八万人守之,犹当怀忧。不如取羽,全据长江,形势益张。"孙权尤以此言为当。及吕蒙代鲁肃,初至陆口,外倍修恩厚,与关羽结好。关羽讨樊,留兵将备公安、南郡,吕蒙乃上疏孙权,陈擒关羽之计。遂称病笃,还建业,荐陆逊代守陆口。② 陆逊至陆口,乃与关羽书,称去功美,深自谦抑。③ 关羽意安,稍撤兵赴樊城。孙权乃欲发袭关羽,吕蒙为之都督。

孙权尝数为曹操所困,不得已降之纾祸,事在建安二十二年(217)。

---

① 事见《三国志·吕蒙传》。按,征虏,指孙皎,孙坚之弟孙静三子,即孙权从弟。详见《三国志·吴书·宗室传》——译者注

② 事见《三国志·吕蒙传》。吕蒙上疏曰:"羽讨樊而多留兵,必恐蒙图其后也。蒙常有病,乞分士众还建业,以治疾为名。羽闻之,必撤备兵,尽赴襄阳。大军浮江,昼夜驰上,袭其空虚,则南郡可下,而羽可擒也。"——译者注

③ 事见《三国志·陆逊传》。其与关羽书曰:"前承观衅而动,以律行师,小举大克,一何巍巍。敌国败绩,利在同盟,闻庆拊节,想逐席卷,共奖王纲。近以不敏,受任来西,延慕光尘,思禀良规。"又曰:"于禁等见获,遐迩欣叹,以为将军之勋,足以长世,虽昔晋文城濮之师,淮阴拔赵之略,蔑以尚兹。闻徐晃等步骑驻旌,窥望麾葆。操猾虏也,忿不思难,恐潜增众,以逞其心,虽云师老,犹有骁悍;且战捷之后,常苦轻敌,古人杖术,军胜弥警,愿将军广为方计,以全独克。仆书生疏迟,忝所不堪,喜邻威德,乐自倾尽,虽未合策,犹可怀也。倘明注仰,有以察之。"——译者注

是岁鲁肃又殁,吴下不复有识略之士,若吕蒙者,才敏锐果,周瑜之亚,而巧智太过,昧于大计。其思义耻屈,骂曹操为贼,若周瑜、鲁肃之俦,而又反复之。至是,孙权又笺奉曹操,请讨关羽以自效。

当关羽拔襄阳,曹操议徙许都以避其锐,司马懿等以关羽得志,孙权必不愿也,可遣人劝孙权蹑其后,许割江南以封孙权,则樊城之围困自解。① 曹操从之。至是,孙权奉笺于曹操,乞袭关羽之不备。董昭说曹操曰:"军事尚权,期于合宜。宜应权以密,而内露之。羽闻权上,若还自护,围则速解,便获其利。可使两贼相对衔持,坐待其弊。秘而不露,使权得志,非计之上。又,围中将吏不知有数,计粮怖惧,倘有他意,为难不小,露之为便。且羽为人强梁,自恃二城守固,必不速退。"曹操从之。②

关羽之攻樊城、襄阳也,连召上庸守将刘封、孟达,发兵自助,刘封、孟达辞以山郡初附,未可动摇,素不承关羽之命,关羽遂撤樊城之围而退。③ 关羽略涉书史,志气矜高,不屈人下,动加凌侮。孙权尝遣使为子求婚于关羽,关羽辱还其使者。④ 刘备自立汉中王时,封关羽为前将军,黄忠为后将军,使费诗奉印绶诣关羽,关羽怒曰:"大丈夫终不与老兵同列。"不肯受拜。经费诗开导,乃大感悟,遽即受拜。⑤ 关羽又素轻糜芳、傅士仁,关羽之出军,糜芳、傅士仁供给军资,不悉相救。关羽言"还当治之",糜芳、傅士仁咸怀惧不安。孙权由是阴诱糜芳、傅士仁,吕蒙白衣渡江,出糜芳、傅士仁之不意,二人乃降。⑥

---

① 事见《三国志·关羽传》。——译者注
② 事见《三国志·董昭传》。——译者注
③ 事见《三国志·刘封传》。——译者注
④ 事见《三国志·关羽传》。——译者注
⑤ 事见《三国志·费诗传》。费诗谓关羽曰:"夫立王业者,所用非一。昔萧、曹于高祖少小亲旧,而陈、韩亡命后至,论其班列,韩最居上,未闻萧、曹以为怨。今汉王以一时之功,隆崇于汉升,然意之轻重,宁当与君侯齐乎?且王与君侯譬犹一体,同休等戚,祸福共之,愚为君侯不宜计官号之高下,爵禄之多少为意也。仆一介之使,衔命之人,君侯不受,如是便还,但相为惜此举动,恐有后悔耳。"——译者注
⑥ 事见《三国志·关羽传》。——译者注

第六章　平汉中、失荆州及武侯前半生总论

吕蒙入江陵，释于禁，得关羽及将士家眷，皆抚慰之。关羽走还，曹仁欲率诸将追之，赵俨言存关羽以为孙权之害。关羽部下闻其家门无恙，吕蒙厚待之，皆无斗志。孙权至江陵，荆州将吏悉归附之，遂以吕蒙为南郡太守，陆逊为右护军，皆封侯。陆逊屯夷陵，守峡口。关羽遁走，兵皆解散，所剩唯十余骑。孙权使潘璋断其径路。十二月，获关羽及其子关平，斩之，送首于曹操。至此，荆州遂覆没，孙权据其全土。吕蒙未受封，疾卒，年四十二岁，则其长武侯三岁也。①

吴、蜀由此开衅，至刘备伐吴而极，刘备、曹操相继死后，吴蜀之盟好，武侯虽结之，时天下既倦于干戈，民渐思休息，时局之沉滞，不复振，故武侯鞠躬尽瘁，终不能成功。若关羽形势大张之时，以吕蒙之智术，不用同盟之反复，而用于徐、淮之经略，与关羽成东西掎角之势，则曹操之智力虽雄于天下，殆难支撑其倾败之势也。由此可知，鲁肃抚辑骄于士大夫之关云长，而不失其同仇之好者，看似迂且怯，实乃通大计者。鲁肃死时，武侯为举哀，不唯以其诸葛瑾之友，荆州倾覆之后，常为同谋之士，刘备所以能颠而复起者，多有赖其好意之处。而豪杰龙骧，风云际会，谋士猛将，济济辈出之时，顾武侯以第一流人物之眼孔，察其志尚气度，而能中其意者，独于鲁子敬夐然出别调，以其与武侯意气相投之深也。

孙权后与陆逊论周瑜、鲁肃、吕蒙三人，曰："公瑾熊烈，胆略兼人，遂破孟德，开拓荆州，邈焉难继，君今继之。公瑾昔要子敬东来，致达于孤，孤与宴语，便及大略帝王之业，此一快也。后孟德因获刘琮之势，张言方率数十万众，水步俱下，孤普请诸将，咨问所宜，无适先对，只子布、文表，俱言宜遣使修檄迎之，子敬即驳言不可，劝孤急呼公瑾，付任以众，逆而击之，此二快也。且其决计策，意出张、苏远矣，后虽劝我借玄德地，是其一短，不足以损其二长也。周公不求备于一人，故孤忘其短而贵其长，常

---

① 事见《三国志·吕蒙传》。吕蒙生于光和二年（179），诸葛亮生于光和四年（181），应长两岁。——译者注

以比方邓禹也。又,子明少时,孤谓不辞剧易,果敢有胆而已,及身长大,学问开益,筹略奇至,可以次于公瑾,但言议英发不及之耳。图取关羽,胜于子敬。子敬答孤书云:'帝王之起,皆有驱除,羽不足忌。'此子敬内不能办,外为大言耳,孤亦恕之,不苟责也。然其作军屯营,不失令行禁止,部界无废负,路无拾遗,其法亦美也。"①

孙权之局量,不过割据之主,故其论三人,专屑于形迹,不能尽其大处,其于鲁肃,所以颇说其短者可知也。如孙权所言,鲁肃似不如周瑜、吕蒙,故流俗之人,求旦夕之效者,于鲁肃不能不有所不满,故孙权贻以"内不能办,外为大言"之讥。然鲁肃作军屯营,规制详明,亦缜密方严,与武侯有相似者,绝不似他人之粗疏,是亦其所以与武侯相得欤?陈寿以孙权之论,优劣允当②,彼亦何足以识斯俊伟之人耶?

且说曹操表孙权为骠骑将军,假节,领荆州牧,封南昌侯。③孙权乃上书称臣于曹操,称说天命。曹操以孙权书示外,曰:"是儿欲踞吾著炉火上邪?"陈群等皆劝曹操废汉自立④,夏侯惇亦劝,曹操曰:"若天命在吾,吾为周文王矣。"⑤

翌年正月,曹操卒,其子曹丕袭爵。六月,上庸守将孟达与刘封不协,遂率部曲降魏,魏夏侯尚遣徐晃合孟达攻刘封。孟达与刘封书,欲诱降之,刘封不听。刘封属将申仪叛,刘封败破,走还成都。刘备责之不救关羽之罪,赐死,上庸遂入曹魏之手。⑥

夫上庸之形胜,关乎天下之大局,蜀、魏之进退系于其得失,明人计

---

① 事见《三国志·吕蒙传》。——译者注
② 语见陈寿《三国志·周瑜鲁肃吕蒙传》评曰:"曹公乘汉相之资,挟天子而扫群桀,新荡荆城,仗威东夏,于时议者莫不疑贰。周瑜、鲁肃,建独断之明,出众人之表,实奇才也。吕蒙勇而有谋,断识军计,谲郝普,擒关羽,最其妙者。初虽轻果妄杀,终于克己,有国士之量,岂徒武将而已乎!孙权之论,优劣允当,故载录焉。"——译者注
③ 事见《三国志·孙权传》。——译者注
④ 事见裴松之注《三国志·武帝纪》引《魏略》。——译者注
⑤ 事见裴松之注《三国志·武帝纪》引《魏氏春秋》。——译者注
⑥ 事见《三国志·刘封传》。——译者注

东之言,亦能尽其始终。其论曰:

郧阳之地,分析沿革之故不一。而或隶秦,或隶蜀,或隶楚,或属治于襄阳。其大较也,土地既分,形险亦夷,故昔言楚势要者,仅首推襄阳,而无一语及郧。自原杰讨平刘千斤之后,合秦、蜀、梁、楚四抚。臣熟议,割四郡交错之地,为立郧阳郡,设抚治行台,遂杰然为天下重镇。其详见于王世贞之记者,可谓措置尽善。而郧阳之治,东至襄阳,西至陕西,南至四川,北至河南,可以左右前后顾而跳荡。天下未有以一郡而当四省之交者,有之,自郧阳始。苟战守之势,屹立而不可犯,则襄阳反恃以为外蔽,不仅为唇齿之势矣。

汉昭烈之取汉中也,始亦有上庸,命重臣重兵守之,而属于之刘封、孟达尔孺子。及关羽之进攻襄阳,移文命刘、孟出师夹攻,可谓得算,而孟以宿憾故,阻兵不进。使时有重臣提重兵,出上庸而攻其右,则襄阳岂能胜此两面之敌耶?及达举上庸降魏,诸葛亮百计取之,而县为司马懿所蹑,则自蜀入秦之路,舍祁山无由。而蒋琬代相出征,亦欲集舟师溯汉水,取魏兴上庸地,固亦入秦之道,而无如襄阳之袭其后也。是蜀之不得志于关中也,由失郧阳故也。

夫平汉中,降上庸,是蜀汉之极盛,然好事多磨,及关羽之败,孟达之叛,而魏本宿敌,吴之衅亦启。曹操已死,东吴谋臣又无进取之计,唯魏、吴开国稍早,根本既固,而刘备独雄心未已。其建业日浅,又连失形胜,剪其羽翼,故此后忿兵出而不克,三分之局,至此始不可动,虽武侯之忠烈智略,复不能变势之所趋。故赤壁之战,所以为开三分之局,而平定汉中、荆州失陷,所以定三分之局。开三分之局前,有群雄之纷兴;定三分之局后,有四五十年鼎足之小定。能了此际之推移,而武侯处此,顺应时势,若有逆睹之迹,武侯之为人亦决矣。

开三分之局前,乃由治平入离乱之时,故有旦、净之人物,若董卓、吕布,造成时势,若袁绍、刘表,乃彼时之主角,故董卓、吕布以兽性蛮力,毁

101

坏名节礼教之汉天下。袁绍、刘表则尚有前代士大夫名节礼教之遗风，而怀纵横自强之野心，天下之势，骎骎趋于离乱，豪杰之士，崛起于陇亩之间，以其势力，大则称孤道寡，小则裂土封侯，欲有所获，然过于矫饰，则获实利寡，以礼法约束赤条条之好身手，久难维系人心，故袁绍、刘表虽称雄一时，终不为时局所容。曹操乃与袁绍、刘表尽反，若荀彧之所策①，而竟克覆之。然此时之谋士，若荀彧、张昭，犹有优容因循之风，亦时代之所然耳。

开三分之局与定三分之局之间，有离乱转入小定之过渡也。刘备、曹操为此时之主角，故二雄省礼数矫饰者同，而仁暴忠谲，又互为所反，刘备成于其天分者少，而成于其义烈之名者多，而曹操虽遗雄猜之名，而成于天分者实多。以刘备比之窦建德，以曹操比之李世民，唯刘备有似汉高祖之处，而曹操又似李密之处，孙氏介乎其间。故无远略之孙权，乃居此时人物之客位，而其成三分之形势中则有主导之效，成之者鲁肃、周瑜，而武侯实赞之者也。

盖细考此三大时期，谋士猛将辈出，第二时期最为盛，其间又可分为二小时期：周瑜、鲁肃、武侯为第一小时期之主角，而吕蒙、庞统、法正等为第二小时期之主角。故周瑜、鲁肃、武侯之着眼，常在大局打算，使四分五裂之天下，归趋二三大英雄，运筹大计大策于纷乱如麻之时。其计已中，三雄大割据之势已定，则嗣来者，力用于偏曲，见其伎俩于大英雄之间有小消长，其涉碎屑、弄小巧者，挥得意之手腕，自然之数也。

及三分之局定，主角有孙权、曹丕，而此后，有武侯、司马懿、陆逊、诸葛恪，此第三大时期，即三国鼎立之时也。而第三大时期之局面，当述及武侯后半生时，自能悉得。

武侯处此三大时期，第一大时期，袁绍、刘表将衰，而曹操势力稍张

---

① 指荀彧"四胜四败"之说。——译者注

之日，奇谋健斗之士，尽售其伎俩。在取封侯之业之际，其动少年好事之情，退然躬耕于陇亩之间，以与世逆忤，兼刘备之义，以三顾之遇，方才许身，此在武侯之生涯，可著见其品性之一大特征，世皆知之。处第二大时期，于其始，试其得意之游说于危急之际，定其得意之大局于必亡之机。

三分之局开，跨有荆益之计，虽成毁相半，然荆益之人归刘备，于斯见彬彬多士。武侯务兵食之足外，专在收揽人才，且新旧之差，性禀之异，往往有相抵牾者，武侯处其间，当调和之任，以翕合众力，务尽得其用。今据史籍所记，稍举其梗概。

武侯荐庞统，用杨洪、何祗等事，已见于前文，故不赘述。马超来归刘备之时，关羽以其非故人，乃与武侯书，问："超人才可比谁类？"武侯知关羽护前，乃答之曰："孟起兼资文武，雄烈过人，一世之杰，黥、彭之徒，当与益德并驱争先，犹未及髯之绝伦逸群也。"关羽美须髯，故武侯谓之"髯"。关羽省书大悦，以示宾客。①

刘备以黄忠为后将军，武侯说之曰："忠之名望，素非关、马之伦也，而今便令同列。马、张在近，亲见其功，尚可喻指，关遥闻之，恐必不悦，得无不可乎？"刘备曰："吾自当解之。"②

刘备入益州，以法正为蜀郡太守、扬武将军。法正外统都畿，内为谋主，一餐之德，睚眦必报，擅杀毁伤己者数人。或谓武侯曰："法正于蜀郡太纵横，将军宜启主公，抑其威福。"武侯答曰："主公之在公安也，北畏曹公之强，东惮孙权之逼，近则惧孙夫人生变于肘腋之下，当斯之时，进退狼跋，法孝直为之辅翼，令翻然翱翔，不可复制，如何禁止法正，使不得行其意邪？"③法正多阴谋，善设奇制变，刘备取益州，得其力，武侯与法正所好虽不尚同，以公义相取，每奇法正之智术。孙盛以武侯之言有

---

① 事见《三国志·关羽传》。——译者注
② 事见《三国志·黄忠传》。——译者注
③ 事见《三国志·法正传》。——译者注

失政刑①，然当时奇谋之士，实亦不易获，奇谲强厉，如法孝直者，不得以其短没其长，是武侯所以有此言，亦纷战之时不得已之权宜耳。

许靖在刘璋时为蜀郡太守，刘备围成都，许靖逾城欲降，刘备薄之，定蜀之后，益无意于许靖。法正说刘备曰："天下有获虚誉而无其实者，许靖是也。然今诸公始创大业，天下之人不可户说，靖之浮称，播流四海，若其不礼，天下之人以是谓主公为贱贤也。宜加敬重，以眩远近，追昔燕王之待郭隗。"②武侯亦曰："靖不失人望也，借其名以竦动宇内。"乃厚待许靖，为左将军长史。后刘备称帝，拜为司徒。许靖年虽七十，爱乐人物，诱纳后进，清谈不倦，武侯等皆为之拜。③

武侯又与法正、刘巴、李严、伊籍等，共造蜀科，蜀科之制，由此五人也。

刘巴，零陵人也，少知名，刘表连辟不就。及刘备败走荆州时，荆州认识归之者如云，刘巴独北上诣曹操。曹操辟为掾，使招纳长沙、零陵、桂阳。曹操败于赤壁，北还，刘巴谓曹操曰："刘备据荆州，不可也。"遂远适交趾。时武侯在临蒸，刘巴与武侯书曰："乘危历险，到值思义之民，自与之众，承天之心，顺物之性，非余身所能动功。若道穷数尽，将托命于沧海，不复顾荆州矣。"武侯追谓曰："刘公雄才盖世，据有荆土，莫不归德，天人去就，已可知矣。足下欲何之？"刘巴曰："受命而来，不成当还，此其宜也，足下何言邪？"刘备深以为恨。刘巴复由交趾至蜀。及刘璋欲迎刘备，刘巴谏曰："刘备，人杰也，入必为害，不可内也。"刘备既入，刘巴复谏曰："若使备讨张鲁，是放虎于山林也。"刘备定益州，刘巴辞谢罪负，刘备不责。而武侯数称荐之，刘备辟为左将军西曹掾。

---

① 事见裴松之注《三国志·法正传》引孙盛论曰："夫威福自下，亡家害国之道；刑纵于宠，毁政乱理之源，安可以功臣而极其陵肆，嬖幸而藉其国柄者哉？故颠颉虽勤，不免违命之刑；杨干虽亲，犹加乱行之戮。夫岂不爱？王宪故也。诸葛氏之言，于是乎失政刑矣。"孙氏所谓"嬖幸而藉其国柄者"，本传在上引诸葛亮答语之后，尚有"亮又知先主雅爱信正，故言如此"之语。——译者注
② 事见《三国志·法正传》。——译者注
③ 事见《三国志·许靖传》。——译者注

第六章 平汉中、失荆州及武侯前半生总论

张飞尝就刘巴宿,刘巴不与语,张飞遂忿恚。武侯谓刘巴曰:"张飞虽实武人,敬慕足下。主公方今收拾文武,以定大事,足下虽天素高亮,宜少降意也。"刘巴曰:"大丈夫处世,当交四海英雄,如何与兵子共语乎?"刘备闻之,怒曰:"孤欲定天下,而子初专乱之。其欲还北,假道于此,岂欲成孤事邪?"又曰:"子初才智绝人,如孤,可任用之;非孤者,难独任也。"武侯亦曰:"运筹策于帷幄之中,吾不如子初远矣。若提枹鼓,会军门,使百姓喜勇,当与人议之耳。"①

刘备入蜀,武侯镇荆土,孙权遣使通好于武侯,因问士人皆谁相经纬者,武侯答曰:"庞统、廖立,楚之良才,当赞兴世业者。"②

广都长蒋琬,众事不理,时又沉醉,刘备因游观见之,大怒,将加罪戮。武侯请曰:"蒋琬,社稷之器,非百里之才也。其为政为安民为本,不以修饰为先,愿主公重加察之。"刘备雅敬武侯,乃不加罪,仓卒但免官而已。武侯卒后,蒋琬代之掌国事。③

其事概如此。武侯称刘巴之言,能任人之才能,以协和众心也。初,武侯继刘备入益州,马良留于荆州,与武侯书曰:"闻雒城已拔,此天祚也。尊兄应期赞世,配业光国,魄兆远矣,夫变用雅虑,审贵垂明,于以简才,宜适其时。若乃和光悦远,迈德天壤,使时闲于听,世服于道,齐高妙之音,正郑卫之声,并利于世,无相多伦,此乃管弦之至,牙、旷之调也。虽非钟期,敢不击节?"④

武侯入益州之后,登用材物,如马良所言。武侯虽非赖马良之言而有所启发,然马良以"尊兄"称武侯,推知当与武侯极亲,必知武侯之志,故能申之以忠言。而此事瑕瑜互见,已难可避,武侯以此得人心,固根本,而异日亦因此而误用马良之弟马谡,致有街亭之败,间以

---

① 事见《三国志·刘巴传》及裴松之注引《零陵先贤传》。——译者注
② 事见《三国志·廖立传》。——译者注
③ 事见《三国志·蒋琬传》。——译者注
④ 事见《三国志·马良传》。——译者注

有之。①

且刘封刚猛,易世之后,虑其终难制御,乃劝刘备,以其与孟达共叛,又不救关羽,除之。② 刘备定蜀,领益州牧,拔彭羕为治中从事。彭羕起徒步,一朝处州人之上,形色嚣然,自矜得遇滋甚。武侯虽外接待彭羕,而内不能善,屡密言刘备,称彭羕心大志广,难可保安。刘备既敬信武侯,加察彭羕行事,意以稍疏,左迁彭羕为江阳太守。彭羕闻当远出,私情不悦,欲与马超谋反,马超大惊,告发彭羕,彭羕因此下狱。③ 由刘封、彭羕之事观之,武侯虽包容宏大,亦有所不善,且有因虑后患而除一二人物之事。

总而言之,赤壁战后,刘氏多士之时,则武侯翕集众力之时,奇谋由庞统、法正任之,攻占由关羽、张飞、马超、黄忠等任之。其业之成者,有益州、汉中之得;而其失者,有关羽之没、秭归之败。比之此后独任国事之时,其间之得失,将常见于其后半生之论述。

---

① 事见《三国志·马良传》附《马谡传》:"良弟谡,字幼常,(中略)才器过人,好论军计,丞相诸葛亮深加器异。先生临薨,谓亮曰:'马谡言过其实,不可大用,君其察之。'亮犹谓不然,以谡为参军,每引见谈论,自昼达夜。建兴六年,亮出军向祁山,时有宿将魏延、吴壹等,论者皆言以为宜令为先锋,而亮违众拔谡,统大众在前,与魏将张郃战于街亭,为郃所破,士卒离散。亮进无所据,退军还汉中。谡下狱,物故,亮为之流涕。"

　　裴松之引习凿齿论曰:"诸葛亮之不能兼上国也,岂不宜哉!夫晋人规林父之后济,故废法而收功;楚成暗得臣之益己,故杀之重败。今蜀僻陋一方,才少上国,而杀其俊杰,退收下驽之用,明法胜才,不师三败之道,将以成业,不亦难乎?且先主诫谡之不可大用,岂不谓其非才也?亮受诫而不获奉承,明谡之难废也。为天下宰匠,欲大收物之力,而不量才节任,随器付业;知之大过,则违明主之诫,裁之失中,即杀有益之人,难乎其可与言智者也。"——译者注

② 事见《三国志·刘封传》。——译者注
③ 事见《三国志·彭羕传》。——译者注

第七章　昭烈正号

武侯前半生之行事与其时局之推移相合之归结者,昭烈之正号也。建安二十五年(220)十月,曹丕废汉献帝为山阳公,自称皇帝。至翌年,蜀中讹传,言献帝已遇害,刘备为之发丧制服,谥曰孝愍皇帝。① 群下劝刘备称尊号,武侯亦与许靖、糜竺、赖恭、黄权、王谋等上言劝进,刘备未许。

武侯曰:"昔吴汉、耿弇等初劝世祖即帝位,世祖辞让,前后数四,耿纯进言曰:'天下英雄喁喁,冀有所望,如不议者,士大夫各归求主,无为从公也。'世祖感纯言深至,遂然诺之。今曹氏篡汉,天下无主,大王刘氏苗族,绍世而起,今即帝位,乃其宜也。士大夫随大王久勤苦者,亦望尺寸之功如纯言耳。"②

司马费诗上疏曰:"殿下以曹操父子逼主篡位,故乃羁旅万里,纠合士众,将以讨贼。今大敌未克,而先自立,恐人心疑惑。昔高祖与楚约,先破秦者王,及屠咸阳,获子婴,犹怀推让,况今殿下未出门庭,便欲自立邪? 愚臣诚不为殿下取也。"刘备不悦,左迁费诗为永昌从事。③

---

① 事见《三国志·先主传》。——译者注
② 事见《三国志·诸葛亮传》。——译者注
③ 事见《三国志·费诗传》。——译者注

刘备乃即皇帝位于成都武担之南①，策武侯为丞相，曰："朕遭家不造，奉承大统，兢兢业业，不敢康宁，思靖百姓，惧未能绥。于戏丞相亮其悉朕意，无怠辅朕之阙，助宜重光，以照明天下，君其勖哉！"武侯以丞相录尚书事，假节，张飞卒后，领司隶校尉。此武侯前半生之大段落也。

习凿齿曰：

夫创本之军，须大定而后正己；篡统之主，俟速建议系众心。是故惠公朝虏而子圉夕立，更始尚存而光武举号，夫岂忘主徼利，社稷之故也。今先主纠合义兵，将以讨贼，贼强祸大，主没国丧，二祖之庙，绝而不祀，苟非亲贤，孰能绍此？嗣祖配天，非咸阳之譬；杖正讨逆，何推让之有？于此时也，不知速尊有德以奉大统，使民欣反正，世睹旧物，杖顺者齐心，附逆者同惧，可谓暗惑矣，其黜降也宜哉！

此非费诗之谏疏，而善刘备之正号也。裴松之云："凿齿论议，惟此议最善。"②既知费诗之暗惑，则武侯之明达，必不待言也。

---

① 事见《三国志·先主传》。裴注引《蜀本纪》："武都有丈夫化女子，颜色美好，盖山精也。蜀王娶以为妻，不习水土，疾病欲归国。蜀王留之，无几物故。蜀王发卒之武都担土，于成都郭中葬，盖地数亩，高十丈，号曰武担。"裴松之按曰："武担，山名，在成都西北，盖以乾位在西北，故就之以即祚。"——译者注

② 习凿齿之论及裴松之之语，见裴松之注《三国志·费诗传》。——译者注

续篇目次预定

第八章　秭归败师、白帝托孤

第九章　平定南中

第十章　六出祁山、将星陨落

第十一章　武侯之治国、用人

第十二章　武侯之制戎、逸事

第十三章　武侯之品性、兄弟及子嗣

第十四章　有关武侯之评论及遗迹

诸葛武侯年谱

汉灵帝光和四年辛酉　公元181年

　　武侯生于琅琊阳都。

　　皇子刘协生，即后之汉献帝。

光和五年壬戌　公元182年

光和六年癸亥　公元183年

中平元年甲子　公元184年

　　黄巾起义。

　　赦党人。

中平二年乙丑　公元185年

中平三年丙寅　公元186年

中平四年丁卯　公元187年

　　长沙贼区星，自称将军，汉廷诏议郎孙坚为长沙太守，讨平之，封孙坚为乌程侯。

中平五年戊辰　公元188年

　　太常刘焉以益州有天子气，乃求为益州牧。

中平六年己巳　公元 189 年

汉灵帝崩,皇子刘辩立。

悉诛宦官。

董卓废少帝,立陈留王刘协。

汉献帝初平元年庚午　公元 190 年

武侯年十岁。

关东起兵讨董卓,推袁绍为盟主。

刘备领平原县,以关羽、张飞为别部司马。

初平二年辛未　公元 191 年

长沙太守孙坚讨董卓,大破之。董卓发洛阳诸陵,拥汉献帝入长安。孙坚入洛,修诸陵。

是年,孙坚卒。

初平三年壬申　公元 192 年

司徒王允谋诛董卓。

董卓部将李傕、郭汜拥兵犯阙,杀王允。

初平四年癸酉　公元 193 年

曹操攻徐州牧陶谦,杀男女数十万,屠其三县,以其父为陶谦部将所杀报仇也。

曹操击破袁术。

兴平元年甲戌　公元 194 年

陶谦卒,众推刘备领徐州牧。

兴平二年乙亥　公元 195 年

武侯从父诸葛玄,袁术署为豫章太守,将武侯及其弟诸葛均官之。会汉廷更选朱皓代诸葛玄,诸葛玄乃往荆州依刘表。诸葛玄卒,武侯寓南阳、襄邓之间。(原注:以此事系于是年,乃从清人朱璘所作《诸葛丞相年谱》,未知其所据为何。)

建安元年丙子　公元 196 年

　　车驾至洛阳,曹操迎之,迁都于许。

　　原书攻刘备,吕布袭下邳,刘备败走归曹操。曹操表刘备为豫州牧。

建安二年丁丑　公元 197 年

　　袁术称帝。

建安三年戊寅　公元 198 年

　　武侯与徐元直、孟公威、石广元游。（原注：以此事系于是年,乃从清人朱璘所作《诸葛丞相年谱》,未知其所据为何。）

　　曹操擒杀吕布,表刘备为左将军。

建安四年己卯　公元 199 年

　　荆州牧刘表不修职责,多行僭伪,诏书下班其事。

　　车骑将军董承称受密诏,与刘备图曹操。会曹操遣刘备击袁术,刘备遂杀徐州刺史车胄,东郡郡县多从刘备。

　　袁术败走,死。

建安五年庚辰　公元 200 年

　　武侯二十岁。

　　董承谋泄,为曹操所杀,自击刘备,刘备奔袁绍。

　　孙策卒,弟孙权代领其众。武侯之兄诸葛瑾归之。

建安六年辛巳　公元 201 年

　　曹操击刘备于汝南,刘备奔荆州。刘表益其兵,使屯新野。

建安七年壬午　公元 202 年

　　袁绍死。

建安八年癸未　公元 203 年

建安九年甲申　公元 204 年

建安十年乙酉　公元 205 年

建安十一年丙戌　公元 206 年

　　荆州豪杰,多归刘备。刘表疑之,使拒夏侯惇、于禁于博望,刘备诱夏侯惇等破之。

建安十二年丁亥　公元207年

武侯二十七岁。时刘备屯新野,徐庶因诣武侯于隆中之草庐,见之。

刘备之子刘禅生,即后之蜀后主。

建安十三年戊子　公元208年

曹操为丞相。

刘表之子刘琮降曹。刘备败走,使武侯连和孙权。刘备与吴将周瑜、鲁肃等,大破曹操于赤壁。

刘备徇得荆南四郡,武侯调其赋税。

建安十四年己丑　公元209年

刘备领荆州牧,治公安。

建安十五年庚寅　公元210年

武侯年三十岁。

孙权以妹为刘备妻。

周瑜卒。

刘备以庞统为治中。

建安十四年辛卯　公元211年

益州别驾张松劝州牧刘璋迎刘备,击张鲁。军议校尉法正等将兵来迎。刘备入蜀,武侯与关羽领荆州事。

建安十七年壬辰　公元212年

刘璋杀张松,敕关戍不得与刘备通。刘备由葭萌还兵击刘璋,进据涪城。

建安十八年癸巳　公元213年

刘备攻雒县。庞统卒。

曹操为魏公,加九锡。

建安十九年甲午　公元214年

武侯留关羽守荆州,与张飞、赵云等入蜀。刘备陷雒,与武后等合兵

113

围成都，刘璋降，刘备领益州牧，以武侯为军师将军，署左将军府事。

建安二十年乙未　公元 215 年

刘备、孙权分荆州。

建安二十一年丙申　公元 216 年

曹操进爵为魏王。

建安二十二年丁酉　公元 217 年

刘备用法正之谋，进兵汉中。

孙权降曹。

鲁肃卒。

建安二十三年戊戌　公元 218 年

刘备攻魏将张郃，不克，武侯发益州之兵继之。

建安二十四年己亥　公元 219 年

刘备击魏将夏侯渊，斩之。曹操来击刘备，赵云击败曹军，曹操引兵还，刘备遂有汉中。群下表请为汉中王。

关羽围魏将曹仁于樊城，威震华夏。吴将吕蒙乘虚取江陵，关羽走还，吕蒙谋而擒杀之，取荆州。

建安二十五年庚子　公元 220 年

武侯年四十岁。

曹操卒，其子曹丕废汉献帝为山阳公，自称皇帝，改元黄初。

蜀汉昭烈帝章武元年辛丑　魏黄初二年　公元 221 年

蜀中传言，汉献帝已遇害，刘备为发丧服制，群臣上尊号，不许。武侯亦劝之，刘备遂即皇帝位，改元，立其子刘禅为皇太子。

武侯为丞相。

刘备耻关羽之没，出师伐吴，留武侯守成都。

张飞为其下所杀。

孙权称臣于魏，魏封为吴王。

章武二年壬寅　魏黄初三年　吴黄武元年　公元 222 年

刘备军大败于吴将陆逊,还鱼腹,改名永安。

魏征吴之质子,孙权不应,魏遂击吴。孙权遣使来蜀,吴、蜀复通。

蜀汉后主建兴元年癸卯　魏黄初四年　吴黄武二年　公元 223 年

刘备不豫,武侯至永安,受顾命。刘备崩,刘禅立,即后主,改元。

封武侯为武乡侯,领益州牧,政事咸决于武侯。

南中四郡反。

遣邓芝与吴修好,吴遂与魏绝。

魏华歆、陈群等,与武侯书,欲其称藩。武侯作正议。

建兴二年甲辰　魏黄初五年　吴黄武三年　公元 234 年

吴张温使蜀,复使邓芝答之。

建兴三年乙巳　魏黄初六年　吴黄武四年　公元 225 年

武侯南征,遂平四郡,移南中之劲卒至蜀,号曰飞军。取其所产,给军赋之用。

魏伐吴。

建兴四年丙午　魏黄初七年　吴黄武五年　公元 226 年

武侯由南中还。

魏主曹丕卒,子曹叡立。

建兴五年丁未　魏太和元年　吴黄武六年　公元 227 年

武侯上表,率诸军,出屯汉中,以图中原。

武侯之子诸葛瞻生。

建兴六年戊申　魏太和二年　吴黄武七年　公元 228 年

武侯伐魏攻祁山,前军马谡违武侯节度,与魏将张郃战,败于街亭。武侯收马谡,斩之,引军还汉中,上疏自贬为右将军,行丞相事。

武侯复上表伐魏,围陈仓,二十余日不下,粮尽还。魏将王双来追,武侯击而斩之。

建兴七年己酉　魏太和二年　吴黄龙元年　公元 229 年

武侯伐魏,拔武都、阴平,复拜为丞相。

孙权称帝,改元,遣使来告。武侯使卫尉陈震使吴,与孙权结盟。

筑汉乐二城。

建兴八年庚戌　魏太和四年　吴黄龙二年　公元 230 年

武侯五十岁。

魏将曹真请自斜谷来寇,魏主曹叡是使司马懿等溯汉水,出西城,与曹真相会。武侯出次成固,曹真军退。武侯使魏延后入西羌,大破魏将郭淮于阳溪。

建兴九年辛亥　魏太和五年　吴黄龙三年　公元 231 年

武侯又伐魏,围祁山,以木牛运粮。司马懿屯长安,督张郃、费耀、郭淮等御者,留精兵四千守上邽,余众悉出。武侯自逆司马懿于上邽,郭淮、费耀等邀战,武侯击而破之。司马懿敛军依险,不得交兵。司马懿使张郃攻无当,自案中道向武侯。武侯使魏延等逆战,大破之,斩获极多。司马懿还保营,武侯以粮尽退军。司马懿使张郃来追,武侯伏弩杀之。

建兴十年壬子　魏太和六年　吴嘉禾元年　公元 232 年

建兴十一年癸丑　魏青龙元年　吴嘉禾二年　公元 233 年

武侯以木牛流马运粮,集斜谷,治邸阁。

建兴十二年甲寅　魏青龙二年　嘉禾三年　公元 234 年

山阳公薨,魏人谥曰孝献皇帝。

武侯又出斜谷伐魏,遣使约吴,同时大举。武侯进兵渭南,司马懿引兵渡渭拒之。武侯屯五丈原,分并屯田,为久驻之计。与司马懿相持百余日,武侯数挑战,司马懿不出。武侯以疾卒于军,年五十四。遗命长史杨仪、司马费祎、护军姜维等为退军之节度,司马懿不敢逼。入谷发丧,还军成都,葬武侯于汉中定军山。后三十年,炎兴元年,诏为故丞相诸葛亮立庙于沔阳①。魏将钟会至汉川,祭武侯之庙,使军士不得于武侯墓左右刍牧樵采。

---

① 据《三国志·诸葛亮传》,后主诏为诸葛亮立庙,事在景耀六年春。景耀六年,当公元263年,是年夏,魏将邓艾、钟会、诸葛绪等数道并攻蜀汉,后主遣张翼、廖化、董厥等拒之。大赦,改元炎兴。是年冬,后主出降,蜀汉告终。由此,立庙既在是年春,则年号尚为景耀。

又,裴松之注引《襄阳记》:"亮初亡,所在各求为立庙,朝议以礼秩不停,百姓遂私祭之于道陌上。言事者或以为可听立庙于成都者,后主不从。步兵校尉习隆、中书郎向充等共上表曰:'臣闻周人怀召伯之德,甘棠为之不伐;越王思范蠡之功,铸金以存其像。自汉兴以来,小善小德而图形立庙者多矣,况亮德范遐迩,勋盖季世,王室之不坏,实斯人是赖,而蒸尝止于私门,庙像阙而莫立,使百姓巷祭,戎夷野祀,非所以存德念功,述追在昔者也。今若尽顺民心,则渎而无典;建之京师,又逼宗庙,此圣怀所以惟疑也。臣愚以为,宜近其墓,立之于沔阳,使所亲属以时赐祭,凡其臣故吏欲奉祠者,皆限至庙,断其私祀,以崇正礼。'于是始从之。"——译者注

附 录

内藤湖南的诸葛武侯论

加地伸行①

引 言

诸葛孔明的人气

诸葛孔明在日本很有人气。总而言之,诸葛孔明从出场到去世,都充满了无比的戏剧性。

从刘备求军师,和孔明相会开始,任何会写小说的能工巧匠也比不上孔明自己所作的时间表。并且,孔明最后悲剧性地在秋风中死于五丈原军营,谁都会对他抱以极大的同情。孔明戏剧性的一生,确实和源义经②有点类似。源义经的故事最后也是以悲剧结尾,而从头至尾就像一

---

① 加地伸行(1936—),毕业于京都大学,文学博士,大阪大学教授,主攻中国哲学史。著有《读〈论语〉》等。本篇收入其所主编的《三国志的世界》第一章《诸葛孔明》,新人物往来社1987年版,第55—67页。——译者注
② 源义经(1159—1189),日本平安时代末期名将,是日本知名度极高的传奇人物。——译者注

部小说一样。日本人对源义经同样抱以极大的同情。

这种心情对日本来说,从古至今都未曾改变。虽然我们谁都没见过诸葛孔明,但听到他的故事,就像看到他本人一样。同时,尽管我们对他的故事已经如数家珍,但仍然还会不厌其烦地去听、去读。孔明就是这样一个具有不可思议的魅力的人物。

所以,诸葛孔明的故事千年不衰,其结果,则是有关诸葛孔明的论著、论说汗牛充栋,几乎如山似海。在这么多的诸葛孔明论之中,有一种论著意味深长,这就是内藤湖南的《诸葛武侯》。

关于内藤湖南

学者、文人、政论家

说起内藤湖南,现在年轻的一代可能知道的不多,其影响力到现在也确实变小了,但在明治时代后期至昭和时代初期,他是对日本中国学产生重大影响的人物。

内藤湖南一生笔耕不辍,著述极富,现有《内藤湖南全集》十四巨册。他既是大学者,同时也是文人,还是政论家。《诸葛武侯》是内藤湖南笔耕生涯中的早期作品,写于明治三十年(1897),他当时年仅三十二岁。

《诸葛武侯》的篇幅,大约有我们这次结集出版的《三国志的世界》的一半左右[1],但这只是正篇,作者原定还有与此差不多篇幅的续篇,其构想可以见于现存的续篇目次。遗憾的是,作者在六十八岁去世之前,并没有完成续篇的写作。也就是说,我们现在读到的《诸葛武侯》,只有正篇,没有续篇。

《诸葛武侯》正篇始于孔明出生,终于刘备称帝,续篇原定接此而作,

---

[1] 《三国志的世界》共分四章:"诸葛孔明""三国时代之姿""围绕《三国志》""《三国志》的语言",其中第一章收文四篇:《诸葛孔明与刘备》《诸葛孔明与曹操》《诸葛孔明与孙权》《内藤湖南的诸葛孔明论》。《内藤湖南的诸葛孔明论》是全书中唯一一篇由主编加地伸行亲自执笔的文章。——译者注

直至孔明去世。此外,原定还有对孔明的理政及人际关系进行评论,并附有与孔明相关的历代评论与遗迹。因为只完成正篇,所以真正意义上的内藤湖南"诸葛孔明论"尚未完成。我们现在读这本书,虽然只有孔明的前半生,但作为评传,仍然是非常完整的,完全可以独立成书。

然而,这部《诸葛武侯》又并非单纯的历史人物评传。内藤湖南这样的大人物的人生,已经在这部早期的作品中展现出来。其间的深意,就是笔者上文所谓的这是一部"意味深长"的论著。何以见得?因为该书表面上在论述诸葛孔明,而实际上寄托的是内藤湖南自身的期待,所以它其实是一幅内藤湖南的自画像。

《诸葛武侯》的特色

写实主义

内藤湖南所著《诸葛武侯》的特色,一言以蔽之,即写实主义。从江户时代到明治时代,只要说起诸葛孔明,一般都是小说《三国演义》中的孔明形象。鬼策神谋,层出不穷,作战不费吹灰之力,百战百胜,完全是智慧的象征。这完全是戏说,事实上不可能存在的。

与此相对,内藤湖南的《诸葛武侯》并非根据小说《三国演义》,而是基于正史《三国志》及其相关注释、史料,将史实娓娓道来。这是历史学家的态度,而不是小说家的笔法。

例如,内藤湖南在论述著名的赤壁之战时,有这样的一句话:

> 吾友吕泣生尝曰:"凡所谓更始革命,一切世局之动荡,只是少者与老者之争斗耳。"

首先,上文说的是变动时期新旧的对立。吕泣生之所以持这样的论调,是发念于促成明治政府的维新志士多是青年俊杰。

内藤湖南在引用吕泣生这句话之后,接着说:

> 今观鼎足三分之大关键赤壁之战,亦见此不易之语也。此时武

侯年二十八,鲁肃年三十七,周瑜年三十四,张昭年五十三,曹操年五十四,刘备年四十八。记此诸人之年龄,而其老者,用其所谓阅历,其少者,用其所谓无阅历,以赤壁之战定千古罕比之三分之局观之,于此世局动荡之机势,盖有所思也。

赤壁之战,是曹魏大军与孙、刘同盟军之间的大会战,其结果是曹军大败。当然,此时所谓魏、蜀、吴三国尚未成立,但作为三国鼎立之原型,曹操(魏)、刘备(蜀)、孙权(吴)三方的格局已经基本呈现出来。此时尚属东汉王朝,只是汉献帝有名无实,东汉王朝也早已名存实亡。各地骚乱纷起,各自割据扩张,其中最有实力的三方,就是曹操、刘备、孙权。

内藤湖南对变动时期新旧对立的判断,和友人吕泣生持相同观点,因此,他对在赤壁之战中起主导作用的几个人物的年龄特别关注。这一观点,是与此前的戏说、演义里的赤壁之战完全不同的解读。

戏说、演义中的赤壁之战是怎么样的呢?举个例子,诸葛孔明在战前排兵布阵时,会排一种叫"八阵图"的布阵法。这种布阵法也见于《三国志·诸葛亮传》,但其内容究竟如何,已难知其详,现在所谓该阵法如何如何,神乎其神,都只是后人的推想。但无论如何,"八阵图"不可能是某个人闭门造车的结果,而应该是在长期实际作战经验的基础上提炼、总结出来的军事学概念。

不过,还有一种说法是,孙子是发明"八阵图"的先驱,然后由诸葛孔明继承并发扬光大。从常识角度说,纸上谈兵绝对是不切实际的,"八阵图"实际上终究不过是前代以来实战经验的结晶而已。

戏说者可不是这样认为。在他们看来,"八阵图"是一种神鬼莫测的千变万化的布阵法。一旦用于战斗,军队的阵型就可以像飞鸟一样,像游蛇一样,敌军有进无出。然而,这样惊险的千变万化,其指挥者却是一个身不着铠甲、羽扇纶巾、似乎谈笑间就可以使强敌灰飞烟灭的诸葛孔明。这是大众喜闻乐见的画面,也是经典的诸葛孔明形象。

对此,内藤湖南认为,所谓"八阵图",一言以蔽之,就是有秩序地指挥军队而已。他解释道：

> 夫武侯之本领，实一"正"字。所谓八阵之法，亦堂堂王者之军，其阵法虽奇变百出，其精要在明数理，主乱斗而不乱。

着眼于人口

如上所述，"事实即立场"，就是内藤湖南《诸葛武侯》的显明特征。最能体现这一特征的，就是他着眼于人口的那部分。

魏、蜀、吴三国的对立纷争，其核心实际上是围绕荆州（原注：长江中游地区）、益州（原注：长江上游地区）而开展的争夺战。为什么要争夺这些地区？因为这些地区沃野千里，非常富庶。

内藤湖南用人口的变化来证明这第一点。他所列的表格，直观地展现了各地区人口从西汉到东汉的消长，而从东汉到三国的情况，就更不待言了。

如：河南（原注：东汉都城洛阳所在地）人口从 1740297 人锐减到 1010827 人，京兆（原注：西汉都城长安所在地）人口从 682468 人锐减到 28574 人；而荆州人口由 3597258 人激增到 6265955 人，益州人口则由 4548654 人激增到 7242028 人。

由此可知，原为汉帝国统治中心地区的河南、京兆等地人口锐减，而相对偏远的荆州、益州地区的人口却得以大幅增长。刘备、孔明为何要以荆州、益州为根据地，就不言而喻了。

荆州原为刘表割据，而益州原为刘璋割据。刘表方死，他那个如豚犬的儿子刘琮就将荆州拱手献于曹操，因此，曹操兵不血刃而得荆州。而荆州刘表之下，还寄居着被曹操追杀的刘备。

而益州刘璋闻曹操大军征讨汉中，迎刘备以拒曹操，结果益州反被刘备所夺，自己被赶出益州。当然，这是孔明在隆中之时就有的计划。

内藤湖南在论证人口变动时，详细地罗列了当时全国各地的情况。从全国总人口看，西汉有 59594978 人（原注：约 6000 万），而东汉仅有

49150220 人（原注：约 5000 万）。在大变动时代，数字以最冷严的姿态展现出来。这就是历史学家的实证主义态度。

当原日本东北大学教授冈崎文夫博士对内藤湖南在明治三十年这个时间点着眼于人口资料表示敬服时，内藤湖南"莞尔颔之"（原注：见《内藤湖南全集》第一卷"后记"）。

新闻记者的敏感

汉文调中有口语

通过上文引用的内藤湖南《诸葛武侯》中的句段，读者就可以知道，这是一种汉文调很强的语体。对明治时代的文人而言，他们在论说、评论性的文章中使用这种汉文调语体，是非常普遍的现象。《诸葛武侯》不仅全书使用相当难的汉文调，而且在书中还引用了不少汉文原文，有些只加了句读，但没有标出训点，所以，这对今天的读者而言，是非常有难度的作品。然而，在写作《诸葛武侯》时的内藤湖南，是一名新闻记者，因为有他新闻记者的敏感，才会选择一种当时读者喜闻乐见的语体。

例如，内藤湖南叙述孔明择妇一节时，就巧妙地在汉文调中加入口语体。黄承彦曾对诸葛孔明说，自己有一个女儿，相貌很丑陋，但才智过人，堪与孔明相配。令人意外的是，孔明还没见到过黄承彦之女，就答应了这桩婚事。于是，人们取笑孔明娶了一个丑女。当时流传着这样一句童谣："莫作孔明择妇，止得阿承丑女。"而内藤湖南则将此童谣翻译成了日本通俗的口语体，并称此为"戏译"。

在全书普遍保持高格调的汉文调语体中，突如其来地加入了这样的口语，这是内藤湖南作为新闻记者特有的感觉带来的产物。

领导者的心得

我们读《诸葛武侯》，一定要注意到内藤湖南对年轻的孔明挥洒自如的表现给予了极大的关注。先是赤壁之战的时候，内藤湖南指出当时的孔明年仅二十八岁，却受到如此的重用，内藤氏的注意点集中于此。当时的刘备已年近五旬，面对一个年仅二十八岁的黄口儒生孔明，却能"拜为宾师"，内藤湖南赞之曰"足为千古之仪范"。不，还不只是刘备。曹操在三十六岁时得到谋士荀彧，而当时的荀彧年仅二十九岁。内藤湖南并说，提拔有才能者，是领导者共知的道理，但事实上能付诸行动的，却是凤毛麟角，"且观之今日之所谓元勋诸老"。

所谓"今日之元勋"，即明治三十年左右，我们马上就可以浮现出一一个个熟悉的姓名：伊藤博文、松方正义、大隈重信、山县有朋等，那是他们相继为首相的时代。

内藤湖南说："彼等并无礼待后进、用其策画之意。"即使为其所用，也要到四十岁前后，对于那些二三十岁的"志壮其锐之士"，被认为是"白面书生、不谙世故"，因此而不为所用。内藤湖南的攻击点其实是在这里。如果再作一点延伸，他实际上是在批判当时政治家不能像刘备那样以年长者重用青年才俊。

作为政论家的内藤湖南

慨叹时世

《诸葛武侯》一书出版时，内藤湖南三十二岁，大体与此同时，他还出版了一本书，叫作《泪珠唾珠》。这是一本收录内藤湖南此前所作的评论、随笔、小文等的文集。内藤湖南自明治二十年（1887）由家乡秋田县上京，此后一直作为新闻杂志记者，所作以时论为主，《泪珠唾珠》就是该时期所作的结集，因此，我们读这本书，就很可以了解作者当时的立场。

那是一种什么样的立场呢？一言以蔽之，就是政论家的姿态。内藤湖南是与当时的大政论家志贺重昂、衫浦重刚、三宅雪岭齐名的人物，甚至还有过为他们代笔之事。

当然，内藤湖南对时局自有论说。他对正当修正不平等条约时的大隈重信，既有"大隈伯之位虽高，然吾等微贱之人亦能悉知其心事"的自

负,也敢于评论"大隈伯之措置,诚然有误"。(原注:《一场之输赢,百年之得失》,1889年)

再如,对前首相黑田清隆,内藤湖南以"黑田伯无先见之明"将其骂倒,并指出其原因是"俗流、小料理家、小权术家",并以"为国家、为世道一哭"结束全文。(原注:《黑田伯之失败》,1890年)

就像这样,《泪珠唾珠》笔触所至之处,皆有对时世的慨叹。最后,内藤湖南极尽想象之能事,于明治二十五年(1892)草成《执行社会主义》一文,声称"社会主义乃是进步之标准",与《孟子》主张的"王者之道"有共同之处。须知,内藤湖南赞美社会主义,并非表示他有真正的社会主义信仰,只不过是为了批判时局而已,这一点可以从他以后的生涯中得以验明。

内藤湖南的不平不满,并非仅仅针对政治家们,也针对所谓的名士、博士。所著《成名士之法》《成博士之法》,痛斥了当时一些沽名钓誉、毫无真才实学的人。

内藤湖南的原像

寄情于孔明

内藤湖南从秋田师范学校毕业后,曾当过小学教师。数年后辞职,二十二岁时离乡上京。当然,他有出众的才能,是抱着青云之志进京的。明治四十年(1907),他四十二岁时成为京都帝国大学讲师,主讲东洋史,四十四岁升任教授,四十三岁获文学博士学位,此后一直活跃在日本中国学领域,昭和九年(1934)去世,享年六十九岁。

然而,内藤湖南从二十二岁上京到三十二岁出版《诸葛武侯》《泪珠唾珠》的十年东京生涯,是在出人头地的自我期待和无背景、无学历(原注:内藤氏并无大学学历)的劣等感之间痛苦的斗争中度过的。

内藤湖南学识渊博,且洞明时局,然怀才不遇,颇觉得自己就像是出茅庐之前的诸葛孔明。他在《诸葛武侯》的"例言"中曾这样写道:三国时代可分为三个时期,若以此比照明治维新前后,也可以分为三个时期。第一期从佩里来航(原注:1853年)稍早之前至蛤御门之变(原注:1863年);第二期从大政奉还至今(原注:1897年);第三期则由此以后。因此,当时正处在第二、第三时期的转折期。第一期、第二期风云际会,人才辈出,第三期的代表人物则有诸葛孔明、司马仲达等,然而,这样的人物尚未真正登场。

接着,内藤湖南继续写道,自己在二十七岁的早春,曾游镰仓,凭吊护良亲王、源实朝的遗迹,他们两人被暗杀的时候,也都只有二十八岁。作者深感于此。而二十八岁的诸葛孔明,竟能受到刘备三顾之礼,每念及此,不由得羡慕孔明幸遇其人其时。

这篇例言已经说得很明白,内藤湖南期待着与自己的"其人其时"相逢,并将这种期待寄托在诸葛孔明身上,于是才有这部一气呵成的《诸葛武侯》。我们从这里可以看到,作为政论家、历史学家、文人的内藤湖南的立体原像:这是一个无学历、无人脉、无金钱,一心只想凭借自己的才干,坚信有朝一日终能出人头地的有志青年的热血自画像。

内藤湖南

沟上瑛①

强调日本作为中华文明圈的一员

从小学教师到新闻杂志记者再到京都帝国大学教授,内藤湖南在东洋学领域留下了深刻的足迹,他亲眼见证了中国从十九世纪末到二十世纪初风云激荡的历史进程,显示了作为时论家透彻的洞察力。

对他来说,日本明明白白是中华文明圈的一员,日本人参画、寄与中

---

① 沟上瑛(1939—),毕业于京都大学,主攻东洋史,《朝日新闻》编集委员。本文收入江上波夫编《东洋学的系谱》第1册,大修馆书店1992年版,第49—59页。

国的近代化,是自然而然之事。也正因为如此,他遭到了鼓吹日本侵略中国正当化的批判。但是,内藤湖南的本意在于,东方并不应该作为西方的附属,而是把中日协力作为强化和发展东方的内在进步的要素,他的这种趣旨,和鼓吹拥戴万世一系的日本天皇为亚洲盟主的军国主义论调有本质的不同。

去年,也就是1989年,傅佛果(Joshua A. Fogel)著、井上裕正译的《内藤湖南:政治与汉学》一书由平凡社出版。作者傅佛果,1950年生于美国纽约,早年毕业于芝加哥大学,后留学日本京都大学,1980年以与该书同名的博士论文获哥伦比亚大学博士学位,1989年秋起任加利福尼亚大学圣芭芭拉分校教授。原著在内藤湖南去世之后五十年,也就是1984年,由哈佛大学出版社出版,作者当时任该校副教授。译者井上氏,生于1948年,在京都大学研究生院读书时,与来日留学的傅佛果相识,现为奈良女子大学副教授。译者在后记中这样写道:

> 原著是第一本用英语写作的关于湖南的正式研究。之所以能够做到这一点,是因为作者傅佛果有着出色的日语能力。湖南的著作自不必说,他还解读了战前日本的报刊评论等诸多文献。即使对于今天的日本人来说,要做到这一点也绝非易事。从上述的诸多译著中,我们也不难想象他是一位有着出色日语能力的学者。由于原著的出版,使得英语圈的人们不再觉得湖南是一个遥远的存在。①

目前为止,有关内藤湖南的传记,有剧作家青江舜二郎的《龙的星座——内藤湖南的亚细亚生涯》、立命馆大学教授三田村泰助的《内藤湖南》,研究著作有一桥大学教授增渊龙夫的《关于历史学家的同时代性考察》等,此外,还有不少的论文、回忆录、访谈录等,散见于各学会杂志。当时还没有发现关于内藤湖南生涯及其学术的整体性的专题研究著作。

---

① 此译据傅佛果著、陶德民译《内藤湖南:政治与汉学(1866—1934)》"日文版译后记",江苏人民出版社2016年版,第319页。——译者注

井上裕正的译者后记，指的就是这种状况。

与君主独裁者的对决

内藤湖南的东洋学，很明显地是由个别研究趋向综合研究。傅佛果在其所著《内藤湖南：政治与汉学》中对此有这样的论述：

> 他将处理的是一个规模庞大的课题。对湖南来说，这是他对中国历史与文化的整体形象进行建构的初次尝试。与以往的著作一样，驱动湖南作此研究的主要动机，在于如何正确地理解同时代的中国以及探究中国应当实行怎样的必要改革。①

这里所说的《中国论》，是内藤湖南从辛亥革命次年开始构思并在1914年出版的著作。他对中国历史和社会有一个总结性的思考。由孙中山等人通过辛亥革命而成立的中华民国，因袁世凯称帝而进入帝制复辟的历史反动期，因此，有关"中央集权的君主专制是中国的宿命"这样的中国历史停滞论，在国际上广为流传，而当时中国的现实也加速了这种论调的传播。对此，内藤湖南着眼于中国社会内在的地域性及分权要素等，指出这是宋代以来中国近世社会平民化、世俗化发展的重要结果，君主制终究要完成它的历史使命，与共和制相适应的时代终究会到来，不能因一时的反动而失去对整个历史大局的把握。

袁世凯称帝后，不久就在急速高涨的反帝讨袁运动中死去。此后，中国虽然也还出现过类似君主独裁这样的现象，但君主制却没有再复辟。事实上，也只有作为日本殖民地的中国东北地区是唯一的例外，但所谓的"帝制"，也不过十余年就崩坏了。从这个意义上说，内藤湖南在七十六年前对中国的进路已经有了正确的预见。

内藤湖南为什么确信现代中国的共和制是历史的必然？与此相对，

---

① 此译据傅佛果著、陶德民译《内藤湖南：政治与汉学(1866—1934)》，江苏人民出版社2016年版，第196—197页。——译者注

还有一种论调是：君主制是与东亚社会相适应的制度，当然应该永续。内藤湖南的理论基础是将宋代以降的中国历史视作近世的时代区分论，也就是广为人知的"唐宋变革论"。他认为，唐及唐以前的中世是贵族主导型的社会，而从宋代以来的一千年左右，其政治、行政、文化的领导者的阶级属性越来越广的倾向逐渐加强，大体而言，是朝着平民主义的方向发展的。模糊不清的乌托邦式的复古主义，始终是和他无缘的。

傅佛果曾对这部《中国论》给予高度评价：

> 如果说《中国论》是20世纪出版的有关中国历史与文化的著作中对后世影响最大的一部书，或许也并非言过其实。此后的同类著作无一能与之匹敌。不仅有许多研究者从该书得到启发，接受了书中的各种见解，而且其中的一些见解还在以后的学术界中引起了很大的争论。①

然而，傅佛果接着说道：

> 今天的欧美学术界所屡屡提出的许多观点，其实与湖南在该书中有关中国社会文化方面的诸多新见解都是相通的。不过，这些观点往往是在他们不知道有《中国论》这一著作存在的情况下提出来的。②

此外，他还说：

> 二十世纪二三十年代的中国学界，其指导思想是马克思主义和抗日救亡的民族主义，中国历史学家并没有积极评价内藤湖南的历史观。从这个意义上说，我对内藤湖南的评价对中国历史学界而言，也许并不妥当。不过，这种状况也在慢慢有所变化。

---

① 此译据傅佛果著、陶德民译《内藤湖南：政治与汉学(1866—1934)》，江苏人民出版社2016年版，第193页。——译者注
② 同上。——译者注

既然如此，那么内藤湖南的《中国论》不仅在中国没有受到积极的评价，在欧美所知者也不多，这与傅佛果之前对该书的高度评价似乎有矛盾。傅佛果是这样看待这个问题的：

> 内藤湖南在日语学界有影响力，并且在非马克思主义的国家也受到高度评价，但除此以外的国家学者才刚刚关注到他的存在。因此，他的影响力所及的范围，还有进一步扩大的可能性。

傅佛果还说，日本存在两个论争学派，一是接受、继承内藤湖南"宋以后近世说"的京都学派，一是主张"宋以后中世说"的东京大学系马克思主义学派，两派长期论争不休，但国际学界有认为京都学派占优势的倾向。

与章太炎极为相似

傅佛果对内藤湖南的《中国论》也并非全盘礼赞。内藤湖南在书中说："如果地方割据带来的混乱局面不能得以收拾的话，当然还不如由列强共同统治，才是中国人民的幸福。"对此，中国研究所的野原四郎指出，这是"向日本帝国主义授予支配中国的秘诀"。诸如此类的直接、间接的质疑颇不少。此外，针对内藤湖南后来发表的"日本应该在中国近代化中扮演积极的角色"等观点，被指为是对日本建立傀儡政权"满洲国"的肯定。但是，等到"满洲国"实行帝制，他们又认识到指责内藤湖南肯定"满洲国"是有误的。总而言之，《中国论》表示1914年内藤湖南对同时代中国动向的认识，以内藤湖南之博识，也未必能赶得上此后历史风云瞬息万变的速度。

与内藤湖南的人生轨迹极为相似的是比他小两岁的中国思想家章太炎。内藤湖南对章太炎的思想、主张有强烈的关注意识，这是可以得到确证的，在前述的增渊龙夫所著《关于历史学家的同时代性考察》一书中有所论及。1911年夏，内藤湖南在广岛举行有关中国学界近况的演讲，介绍了章太炎的《与罗振玉书》，该文发表在批判日本甲骨文研究著名学者的学术杂志上。章太炎在该文中，指出了日本汉学的浅薄，并举出了具体的例子，对日本强大的国力并没有迎合之心，也没有奉承之语。对此，内藤湖南认为，日本汉学比清代盛极一时的乾嘉考证之学晚了短则七八十年，长则百余年，遭到章太炎的批判是当然之事。

章太炎最初属于清末体制内的改良派，因受到压迫，流亡到当时日本殖民统治下的台湾，并在台湾总督府直属的《台湾日日新报》供职，为时半年左右。《台湾日日新报》是由《台湾新报》和《台湾日报》合并而来的，在合并之前，《台湾日报》的主笔就是内藤湖南。内藤湖南离台回东京任《万朝报》的评论记者，是在1898年4月，而章太炎到《台湾日日新报》任职，则在同年12月，因此二人应该未在台湾见面。

但是，内藤湖南在《台湾日报》的同事，后来基本上到了《台湾日日新报》。编辑局日文部主任，就是内藤湖南从东京《朝日新闻》引进而来的出色记者枥内正六（原注：后改姓后醍院），汉文部主任是新到任的籾山衣州，他也曾和枥内正六在东京《朝日新闻》共事。当时，内藤湖南在大阪《朝日新闻》供职，他的评论部同事西村天囚和籾山衣州交情甚厚。籾山衣州到《台湾日日新报》后，和章太炎常有诗文唱和，交换各自的观点和感想。二人的作品及评论等，在比较文学家岛田谨二的大著《日本的外国文学》中有收录。有了这样的交集，就不难想象内藤湖南和章太炎在很早的时候就意识到对方的存在。

此后，内藤湖南与在《万朝报》的同事幸德秋水过从甚密，但内藤湖南后来再次回到大阪《朝日新闻》，开展对俄主战论，而幸德秋水倡导非战论，并发行《平民新闻》，二人因此对立。他们都通汉学，也都学过西方近代思想，不同的是，幸德秋水向往西方的社会主义，而内藤湖南志在东方的民族主义。

章太炎从日本流亡归国之后，组织了排满兴汉的教育团体爱国学社和以革命为目标的秘密结社光复会。后来，革命团体联盟会——中国革命同盟会成立,章太炎任同盟会机关报《民报》的主编,虽因与孙中山政见不合而辞职,但他对袁世凯强化独裁曾予以迎面痛击。然而,当时正值打倒封建文化的新文化运动高潮期,章太炎被视为强烈主张中国传统文化的旧势力。

内藤湖南和章太炎都认为马克思主义是西方文明的一派,他们认为应该重视东方文明自身的进步。苏俄革命以后,马克思主义的影响力加强,二人都显得有些落后于时代。但是,当今世界再次迎来民族主义的时代,他们的学问也许最终会受到重视。

心怀尊王却被指为朝敌

1866年,内藤湖南生于十和田湖之南的羽后国鹿角郡毛马内(原注:今秋田县鹿角市)。毛马内是盛冈藩的支藩所在地,内藤家世世代代是支藩的儒者。他的父亲之所以将其取名为虎次郎,不仅因为内藤湖南生于虎年,更是因为他被吉田松阴①(原注:名寅次郎)的尊王思想所倾倒。但是,在两年后的戊辰战争中,盛冈藩加入了奥羽越列藩同盟的佐幕统一战线,被官军打败,因此被指为是朝廷的敌人。在此后的废藩置县中,盛冈藩的大部分领地置为岩手县,而鹿角郡却编入秋田县。内藤家由此失去武士身份,变成农民。内藤湖南的父亲曾在小学、矿山事务所工作。这对旧盛冈藩及毛马内的勤王派而言,是一段极为屈辱的历史。这一时期当地发生的事情,不能说对内藤湖南的思想、历史观没有影响。

内藤湖南自幼接触赖山阳②的著作及中国典籍,巧于写作。二十岁从秋田师范学校毕业以后,他成为一名小学教师。当时还没有历史教科

---

① 吉田松阴(1830—1859),日本幕末政治家、教育家、改革家,明治维新的精神领袖。创办松下村塾,力倡尊王攘夷,其门下弟子如高杉晋作、伊藤博文、山县有朋等,均成为明治维新主要领导者。内藤湖南和吉田松阴都生于虎年,"虎次郎"和"寅次郎"在日语中的发音相同。——译者注

② 赖山阳(1780—1839),日本江户时代后期著名汉学家,所著《日本外史》,在日本流布极广。——译者注

书,内藤湖南依靠《史记》《汉书》等中国古典史籍授课。他从村里的神社、寺院里借阅平田笃胤①的国学著作及佛典,也很爱读卢梭的《民约论》。内藤湖南还在秋田师范学校就读时,他的写作能力就受到校长的青睐,在他二十二岁时,带着校长的介绍信来到东京,成为佛教杂志《明教信志》的记者。该杂志的主办者大内青峦出身于旧仙台藩,明治初年任西本愿寺法主的侍讲,大正初年任东洋大学校长,是佛教界的领袖人物。他用旨在究明佛典之虚构的大阪平民学者富永仲基的著作来教内藤湖南。内藤湖南学术的雏形,应该就是形成于此时。

此前研究内藤湖南的著作大多认为,内藤湖南与大内青峦的学问有根本性的分歧,而成为国粹主义者三宅雪岭等人主持的政教社机关杂志《日本人》的记者之后,才对他的历史观的形成起了决定性的意义。但是,傅佛果将三宅雪岭的代表作《真善美日本人》《伪恶丑日本人》与内藤湖南此前发表的论说相对比,发现两者有酷似之处。三宅雪岭在这两本书的开头都有附记"内藤湖南口授、笔者记录",岂止是如此,其实这两部书就是内藤湖南所作的,这是非常明确的。对此,傅佛果解释为,与其说内藤湖南的思想是因与三宅雪岭的相会而形成,不如说他此前就已独立形成,但其思想内容与三宅雪岭的立场基本一致,更为合适。

内藤湖南门下,有诸如神田喜一郎、贝冢茂树等优秀学者,人才辈出。但是,真正使内藤湖南的学术体系得以扩充、整备、发展的,是京都帝国大学东洋史专业同事桑原隲藏门下的宫崎市定;而从根本上确实继承了内藤湖南"日本作为中华文明圈一员"的,并非东洋史学的学者,而是中国文学研究家吉川幸次郎。吉川氏在说"我国"的时候,指的是中国。由此可以看到与东洋学京都学派师徒相传的学术传统稍异其趣之处。

---

① 平田笃胤(1776—1843)日本江户时代后期神道家、思想家,与荷田春满(1669—1736)、贺茂真渊(1697—1769)、本居宣长(1730—1801)并称为日本"国学"(指日本固有的学术)的四大金刚,著有《古史征》《古道大意》《神字日文传》《气吹舍歌集》等。——译者注

此外，批判的继承内藤湖南《中国论》的，是著有《现代中国论》、在佐尔格事件中被处刑的新闻记者尾崎秀实，他有"昭和时期的内藤湖南"的美誉。尾崎秀实先任《朝日新闻》上海特派员，后在东京本部任职。1936年，他迅速判断出了西安事变的真相，并预测国共合作和抗日统一战线的形成。尾崎秀实出生后不久，因其父由东京《报知新闻》转到《台湾日日新报》工作。尾崎氏自幼生活在台北郊外的籾山衣州旧居，而籾山衣州就是内藤湖南原在《台湾日报》的同事。

内藤湖南的主要著述及相关评传

一、《内藤湖南全集》（十四卷），筑摩书房，1966—1976年。

二、青江舜二郎著：《龙的星座——内藤湖南的亚细亚生涯》，《朝日新闻》社，1966年；后来还有中公文库版，1980年。

三、三田村泰助著：《内藤湖南》，中公新书，1972年。

四、傅佛果著、井上裕正译：《内藤湖南：政治与汉学》，平凡社，1989年。

译后记

"如果没有《三国演义》,我将会是在哪里?"

我曾不止一次地问过自己这个问题,因为我对知识的兴趣,可以说完全是由《三国演义》引发的。如果没有与《三国演义》这种特殊的因缘,或许就不会有翻译这部《诸葛武侯》的殊荣了。

我和《三国演义》的缘分,开始得并不是那么早,不像有些人早在小学,甚至上学前就能倒背如流,我没有这种天赋和天分。我和《三国演义》的缘分源于偶然。大概是上小学的时候,有一次在电视里看到"赵子龙单骑救主"的一幕,当然,那时候的我还根本不知道这一段叫什么,只是觉得好看,那个白盔白甲骑白马的将军简直神乎其神。正当我看得津津有味的时候,这一集不知不觉已经播完了。我颇觉得意犹未尽,很想继续看下去,但又不知道剧名,想等着看是不是还有一集,可惜那天就没再播了。第二天我倒是没特地守在电视机前去等,大概是因别的什么事儿忘记了。也不知道过了几天,我再次看到这部电视剧。当时很兴奋,又很疑惑:怎么过了这么多天还没播完? 也正是在这样的疑惑中,我终于弄清楚了剧名。但我以为只是电视剧,没想到还是一部古典文学名著。

到了初中，在语文课本里学到一篇《曹操煮酒论英雄》。根据老师的讲解和课文的注释，知道这篇文章选自《三国演义》。《三国演义》？那不就是前几年我看到的电视剧吗？原来这部书里还有这么多精彩的内容。从此，我发愿要通读全书。而刘备、曹操、袁绍、袁术、刘表、孙策、刘璋、马腾、韩遂等人的名字，从那时候起，就再也没有从我的脑海里抹去。也正是因为《三国演义》，我对语文，准确地说是对古典文学，产生了不可收拾的兴趣。但直到初中毕业，我也没有通读《三国演义》全书，因为我还没有这本书。

高一的一个晚自习课间，我骑车去学校，路过一个书摊，就凑了过去，没想到《三国演义》赫然在内。我眼前一亮，一下子就勾起几年来的一个夙愿。自从上高中以来，我就有了去书店看书的习惯，之所以只是以看为主，而不是买，是因为当时的我还难以承受"昂贵"的书价。路边小书摊使我眼前一亮的，不仅在于有《三国演义》，更在于只要10元一本，这比书店里定价最低的版本，仍低了将近一半。当然，那时的我，还不知道这是一本盗版书。

买到书的我，骑着车飞奔学校，可想而知那个晚自习，我在"自习"些什么。虽然只是一本盗版书，但这是我买的第一本《三国演义》，我还是待若珍宝，甚至像神明一样地供奉着。盗版书的纸张很薄，字号很小，洋洋洒洒六七十万言的一部大书，也就是被印成了薄薄的一小册而已，但就是这样的薄薄的一小册，我看了足足一个多学期。不是因为不喜欢而看不下去，而是因为太喜欢了，根本不舍得看完。每看完一回，甚至一段，我都会返回去再看第二遍、第三遍……也就是从那时候起，《三国演义》全书的故事，牢牢地印刻在了我的生命里。

后来我知道，《三国演义》并不是罗贯中（姑且先这样表述吧）一个人闭门造车写出来的，而是千百年来世代累积而成的。如果说，三国故事是一条大河，那么，其源头就是三国历史本身。但三国这段不算长的历史，早已随着时光的流逝，变得烟消云散，而还能使我们触摸到三国历史余温的,首先是陈寿的《三国志》和裴松之为该书做的注。所以,我很想知道陈寿和裴松之是怎么写的。

由于《三国演义》引发的阅读兴趣,自从上高中以后,我为了能去书店买正版书,平时就很注意积攒零花钱。等我攒够了几十块钱之后,我就伸直了腰杆理直气壮地跑到书店去买《三国志》。这本浙江古籍出版社2000年版、定价37.5元的精装《三国志》(附裴注),是我买的第一部"高价正版书",她已经陪伴着我整整十八年了。十八年来,无论我身在何方,都会带着她,从不曾离开,即使现在在写这篇译后记的时候,她也就在我的手边静静地看着我。

《三国志》当然比《三国演义》难得多,无论是内容,还是语言。上文已经说到,《三国演义》并非一人一时所作,而是千百年世代累积而成,那么,裴松之就是第一位"演义"《三国志》的。在裴松之看来,陈寿的《三国志》确实是一部"近世之嘉史",但"失在于略,时有脱漏",因此他要做的是"奉旨寻详,务在周悉,上搜旧闻,傍摭遗逸"。可以说,正是裴松之加入的这些"旧闻""遗逸",才使得三国的历史和人物鲜活了起来。

裴注所征引的文献,大多已散佚,不少书完全是有赖于裴注的征引,我们才能窥得其书之一斑。由于裴注所引文献很多,文献作者立场又各不相同,不同文献对同一人物乃至同一事件的记述、评价也就截然不同。此外,由于所引文献大多为私人著述,思想颇为多元,而且记事极具故事性。《三国演义》中有不少精彩的篇章是《三国志》所没有的,而它们最初就见于裴注所引的文献里。一些片段性的例子就不一一举了,只举两个对《三国演义》的人物形象和故事架构而言极为重要的例子。人物形象方面,蜀汉五虎将之一的赵云,在《三国志》本传中不过寥寥三四百字而已,他在《三国演义》中那神勇、坚定、大公无私的近乎完美的形象,其素材完全来自裴注所引的《赵云别传》。故事架构方面,七擒孟获和六出祁山以长达十九回的篇幅构成了诸葛亮后半生的主线,但其素材基本来自裴注所引的《汉晋春秋》《条亮五事》《魏略》《默记》《魏书》《魏氏春秋》《晋阳秋》《诸葛亮集》等,如果没有这些素材,诸葛亮的南征和北伐就变得黯淡无光了。

那么,裴松之究竟引用了多少种书为《三国志》作注呢?少年时代的我,当然不知道这是一个至今仍争论不休的学术公案,当时只是抱着强烈的兴趣想着自己来回答这个问题。于是,在读高三的一个晚上,心潮澎湃不能自已的我,开始在本子上一种一种地去抄录裴注所引的书目。当时心无杂念,用最工整的正楷,一笔一画地做着与功利毫不相关的事。等我抄完的时候,天竟已经蒙蒙亮。后来,我在苏东坡的《赤壁赋》读到,这叫"不知东方之既白"。由于每记一种书,我都标了序号,共208种。但裴注所引书目的情况比较复杂,有同名而异书,也有同书而异名;有书名,也有篇名;有列书目而未引内容,也有引内容而未注明出处,所以,"208种"肯定还有误差,但误差应该不至于太大。十七年后的今天,当我重新翻出本子,抚摸着那历久而尚未褪色的字迹,眼前浮现出的仿佛还是那个满身月影读《三国》的少年。

到了大学,因为没有了高考的压力,我可以尽情肆意地读《三国》。在那个还没有个人电脑、还没有数据库的时代,我把图书馆过刊室里所有登载过《三国》论文的刊期全都翻了一遍,尽管那时候还不知道什么是论文。随着阅读的深入,也开始有了一些自己的想法和看法,逐渐有一种不吐不快的感觉,于是便诉诸笔端。已经想不起来在哪里看到荆州《三国演义学刊》,但天真无知的我,竟然通过邮寄的方式将自己写的小文章投了过去。没想到蒙主编张业茂老先生的错爱,不仅刊载了小文,并且还给我发了168元的稿费。我虽然从初中开始就喜欢写些小东西,但这是人生的第一笔稿费,至今我都还记得那天去邮局领取稿费的情形。我想,这次的投稿经历应该是给了我很大的信心的。后来又连续在荆州《三国演义学刊》上发表了两篇小文。因为有了这样的经历,所以还在大二的时候,我就已经写完了一万多字的本科毕业论文,内容当然是和《三国演义》有关的。

因《三国演义》而引发的阅读兴趣,使我一本接一本地看了不少书,当时并不是有意的,但后来回过头看看,古今中外的小说占了其中很大的一部分。原来,不知从何时起,我默默地有了一个当小说家的梦想。虽然这个梦想至今也没有实现,但我确实写了小说。大学里写的一部45万字的长篇小说,虽然结构模仿金庸小说《天龙八部》,但其精神线索完全就是《三国演义》。

小说是各种文体中比较受欢迎的一种,大概是因为读小说最轻松,最有意思,但如果亲自写过小说,就会明白,写好一部长篇小说是多么困难的事,历史小说尤其如此。历史小说首先是小说,小说则必须讲究人物、情节、环境等三要素,为了使小说精彩迷人,就必然要做一些艺术处理,如果照搬历史,则何以称其为小说?但历史小说又是一种特殊的小说,必须尊重基本的史实,如果完全架空,则何以称其为历史小说?只有看过了《三国志》,你才会惊叹于《三国演义》作者那浑如天成的搜辑、剪裁、统合能力。我总是在想,什么样的人才会写出这样一部空前绝后的天才之作来呢?他经历过怎么的人生呢?他又是谁呢?这些看似只是文学常识的问题,一直困扰着我。

汉末有黄巾起义,元末有红巾起义;汉末有魏、蜀、吴三国鼎立,元末有张、朱、陈三雄争霸;历史何其相似乃尔。已过天命之年的罗贯中,夜卧细思过往事,三国纷争涌心头。六百余年后的今天,每当我重读《三国》,我都会为这位精通军事学、政治学、外交学、公关学、天文学、地理学、心理学、医药学、厚黑学的天才作家废书而叹。他生前一定是寂寞的,一种无知音的痛苦。既然六百年前没人为他树碑立传,六百年后,我便权以《三国》爱好者身份为他演绎一段属于他自己的传奇。

大学毕业后的那个夏天,我便开始写一部以罗贯中为主角、以元明之际史实为历史背景的长篇小说,并选择以古白话和章回体来写作,以期更具历史感,更好地纪念这位中国章回体长篇小说的开山祖师。我打算用200回、100万字的篇幅来展现罗贯中不平凡的一生。然而,那个夏天只是开头一个头,刚写了三回,就开学了。此后的三年里,我在一所高中任教,高强度的工作状态使我没有时间也没有精力继续写作,于是一拖就是两年多,但我从未放弃这个心愿。工作到第三年,我准备考研,就在考研笔试结束的那个晚上,我开始接着写罗贯中,到研二上学期开学初,终于完成了小说的上半部——100回,约50万字。后来因为读研、读博和工作,下半部迟迟未动笔。屈指算来,从这部小说开篇到现在,已经过了十二年,但我同样不会放弃这个心愿,只要时机成熟,我一定会把下半部写完。我将这部小说命名为"揾英雄泪",取自南宋大词人辛弃疾的名作《水龙吟·登建康赏心亭》:"倩何人唤取,红巾翠袖,揾英雄泪?"英雄有泪,这是历史的不完美。

从读研起,可算是我真正"研究"《三国演义》的开始。读研期间发表的五篇小论文,全部都和《三国演义》有关;硕士论文拉拉杂杂写了10万字,也和《三国演义》有关;读博后的第一篇论文,也和《三国演义》有关;博士论文和《三国演义》虽然没有直接关系,但追本溯源,还是有千丝万缕的联系。不过,后来我又不"研究"了,我觉得自己的水平远远不足谈"研究",于是,老老实实地回归到了纯粹的欣赏、膜拜。

《三国演义》是文学名著,但它在某些地区、某些方面的影响早已经超出了文学的范围。《三国演义》在日本的传播与影响,可以说是海外之最。早在1689年,日本就出现了《三国演义》的日译本,这也是《三国演义》的第一个外译本,而且是全译本。此后,日译本迭出,而吉川英治编译再创造的《三国志》是其中影响最大、最富特色的一种。在日本说起"三国志",不是指陈寿的《三国志》,也不是指罗贯中的《三国演义》,而是吉川英治的《三国志》。后来影响很大的日本漫画、动画《三国志》,都是根据吉川《三国志》创作的。我大学毕业后买过吉川《三国志》的日文原版,后来这套书也出版了中译本。这是一件很有意思的事:日本人把中国的《三国演义》翻译成日文,而中国人将其再译回中文。当然,日本还有各种和《三国》有关的游戏、动画等。毫不夸张地说,"三国"成了日本一种重要的文化产业。

　　日本的"三国热",其核心是"孔明热",孔明是众多三国人物中最受日本人欢迎的。因此,当卞清波先生告诉我,江苏人民出版社"海外中国研究系列"有意翻译内藤湖南的汉学著作,并叫我推荐书目时,我没有经过很长时间的犹豫,就推荐了《诸葛武侯》。而蒙卞清波先生不弃,即叫我来翻译此书。我深知自己的学识和日语能力都很有限,面对内藤湖南这样的汉学巨擘,我感到不小的压力,但还是凭着对《三国演义》多年以来的热忱,壮着胆子接受了这一任务。

　　卞清波先生儒雅谦和,有古君子之风。前年,我们在素未谋面的情况下,他同意我翻译与内藤湖南齐名的京都学派另一巨擘狩野直喜的《中国小说戏曲史》,并亲自担任责任编辑,为拙译的顺利出版付力尤多。后来,他又叫我到南京参加金陵读书会举行的活动,让我有机会对该书做一些现场介绍和解读。金陵读书会的宋宇飞、丁进、许金晶等先生,也为拙译提出了宝贵的意见和建议。丛书主编刘东教授两次准许拙译列入"海外中国研究系列",使拙译能和海外汉学名家、名作、名译并列一处。如果没有上述几位先生的支持和指导,就不会有呈现在读者面前的这两部拙译,在此,我对上述几位先生表示由衷的感谢。由于拙译所依据的原著是《内藤湖南全集》第一卷所收的《诸葛武侯》,而早稻田大学藏有东华堂1897年单行原版,曾特地请正在日本访学的仝婉澄学姐代为复制,以确保两版内容一致,特此致谢。

　　岁月最是无情,但唯有岁月,才能使感情历久而弥深、历久而弥真。忙忙碌碌地穿梭,有时候经常忘记真我。抹去岁月的风霜,拨开俗世的纷扰,蓦然回首,才能感悟什么是最初的那一份真。

　　一路走来,幸有《三国》伴我行。

张　真
写于温州大学
戊戌立秋后五日

"海外中国研究丛书"书目

1. 中国的现代化　[美]吉尔伯特·罗兹曼 主编　国家社会科学基金"比较现代化"课题组 译　沈宗美 校
2. 寻求富强:严复与西方　[美]本杰明·史华兹 著　叶凤美 译
3. 中国现代思想中的唯科学主义(1900—1950)　[美]郭颖颐 著　雷颐 译
4. 台湾:走向工业化社会　[美]吴元黎 著
5. 中国思想传统的现代诠释　余英时 著
6. 胡适与中国的文艺复兴:中国革命中的自由主义,1917—1937　[美]格里德 著　鲁奇 译
7. 德国思想家论中国　[德]夏瑞春 编　陈爱政 等译
8. 摆脱困境:新儒学与中国政治文化的演进　[美]墨子刻 著　颜世安 高华 黄东兰 译
9. 儒家思想新论:创造性转换的自我　[美]杜维明 著　曹幼华 单丁 译　周文彰 等校
10. 洪业:清朝开国史　[美]魏斐德 著　陈苏镇 薄小莹 包伟民 陈晓燕 牛朴 谭天星 译　阎步克 等校
11. 走向21世纪:中国经济的现状、问题和前景　[美]D. H. 帕金斯 著　陈志标 编译
12. 中国:传统与变革　[美]费正清 赖肖尔 主编　陈仲丹 潘兴明 庞朝阳 译　吴世民 张子清 洪邮生 校
13. 中华帝国的法律　[美]D. 布朗 C. 莫里斯 著　朱勇 译　梁治平 校
14. 梁启超与中国思想的过渡(1890—1907)　[美]张灏 著　崔志海 葛夫平 译
15. 儒教与道教　[德]马克斯·韦伯 著　洪天富 译
16. 中国政治　[美]詹姆斯·R. 汤森 布兰特利·沃马克 著　顾速 董方 译
17. 文化、权力与国家:1900—1942年的华北农村　[美]杜赞奇 著　王福明 译
18. 义和团运动的起源　[美]周锡瑞 著　张俊义 王栋 译
19. 在传统与现代性之间:王韬与晚清革命　[美]柯文 著　雷颐 罗检秋 译
20. 最后的儒家:梁漱溟与中国现代化的两难　[美]艾恺 著　王宗昱 冀建中 译
21. 蒙元入侵前夜的中国日常生活　[法]谢和耐 著　刘东 译
22. 东亚之锋　[美]小R. 霍夫亨兹 K. E. 柯德尔 著　黎鸣 译
23. 中国社会史　[法]谢和耐 著　黄建华 黄迅余 译
24. 从理学到朴学:中华帝国晚期思想与社会变化面面观　[美]艾尔曼 著　赵刚 译
25. 孔子哲学思微　[美]郝大维 安乐哲 著　蒋弋为 李志林 译
26. 北美中国古典文学研究名家十年文选乐黛云　陈珏 编选
27. 东亚文明:五个阶段的对话　[美]狄百瑞 著　何兆武 何冰 译
28. 五四运动:现代中国的思想革命　[美]周策纵 著　周子平 等译
29. 近代中国与新世界:康有为变法与大同思想研究　[美]萧公权 著　汪荣祖 译
30. 功利主义儒家:陈亮对朱熹的挑战　[美]田浩 著　姜长苏 译
31. 莱布尼茨和儒学　[美]孟德卫 著　张学智 译
32. 佛教征服中国:佛教在中国中古早期的传播与适应　[荷兰]许理和 著　李四龙 裴勇 等译
33. 新政革命与日本:中国,1898—1912　[美]任达 著　李仲贤 译
34. 经学、政治和宗族:中华帝国晚期常州今文学派研究　[美]艾尔曼 著　赵刚 译
35. 中国制度史研究　[美]杨联陞 著　彭刚 程钢 译

36. 汉代农业:早期中国农业经济的形成　[美]许倬云 著　程农 张鸣 译　邓正来 校
37. 转变的中国:历史变迁与欧洲经验的局限　[美]王国斌 著　李伯重 连玲玲 译
38. 欧洲中国古典文学研究名家十年文选乐黛云　陈珏 龚刚 编选
39. 中国农民经济:河北和山东的农民发展,1890—1949　[美]马若孟 史建云 译
40. 汉哲学思维的文化探源　[美]郝大维 安乐哲 著　施忠连 译
41. 近代中国之种族观念　[英]冯客 著　杨立华 译
42. 血路:革命中国中的沈定一(玄庐)传奇　[美]萧邦奇 著　周武彪 译
43. 历史三调:作为事件、经历和神话的义和团　[美]柯文 著　杜继东 译
44. 斯文:唐宋思想的转型　[美]包弼德 刘宁 译
45. 宋代江南经济史研究　[日]斯波义信 著　方健 何忠礼 译
46. 一个中国村庄:山东台头 杨懋春 著　张雄 沈炜 秦美珠 译
47. 现实主义的限制:革命时代的中国小说　[美]安敏成 著　姜涛 译
48. 上海罢工:中国工人政治研究　[美]裴宜理 著　刘平 译
49. 中国转向内在:两宋之际的文化转向　[美]刘子健 著　赵冬梅 译
50. 孔子:即凡而圣　[美]赫伯特·芬格莱特 著　彭国翔 张华 译
51. 18 世纪中国的官僚制度与荒政　[法]魏丕信 著　徐建青 译
52. 他山的石头记:宇文所安自选集　[美]宇文所安 著　田晓菲 编译
53. 危险的愉悦:20 世纪上海的娼妓问题与现代性　[美]贺萧 著　韩敏中 盛宁 译
54. 中国食物　[美]尤金·N.安德森 著　马孆 刘东 译　刘东 审校
55. 大分流:欧洲、中国及现代世界经济的发展　[美]彭慕兰 著　史建云 译
56. 古代中国的思想世界　[美]本杰明·史华兹 著　程钢 译　刘东 校
57. 内闱:宋代的婚姻和妇女生活　[美]伊沛霞 著　胡志宏 译
58. 中国北方村落的社会性别与权力　[加]朱爱岚 著　胡玉坤 译
59. 先贤的民主:杜威、孔子与中国民主之希望　[美]郝大维 安乐哲 著　何刚强 译
60. 向往心灵转化的庄子:内篇分析　[美]爱莲心 著　周炽成 译
61. 中国人的幸福观　[德]鲍吾刚 著　严蓓雯 韩雪临 吴德祖 译
62. 闺塾师:明末清初江南的才女文化　[美]高彦颐 著　李志生 译
63. 缀珍录:十八世纪及其前后的中国妇女　[美]曼素恩 著　定宜庄 颜宜葳 译
64. 革命与历史:中国马克思主义历史学的起源,1919—1937　[美]德里克 著　翁贺凯 译
65. 竞争的话语:明清小说中的正统性、本真性及所生成之意义　[美]艾梅兰 著　罗琳 译
66. 中国妇女与农村发展:云南禄村六十年的变迁　[加]宝森 著　胡玉坤 译
67. 中国近代思维的挫折　[日]岛田虔次 著　甘万萍 译
68. 中国的亚洲内陆边疆　[美]拉铁摩尔 著　唐晓峰 译
69. 为权力祈祷:佛教与晚期中国士绅社会的形成　[加]卜正民 著　张华 译
70. 天潢贵胄:宋代宗室史　[美]贾志扬 著　赵冬梅 译
71. 儒家之道:中国哲学之探讨　[美]倪德卫 著　[美]万白安 编 周炽成 译
72. 都市里的农家女:性别、流动与社会变迁　[澳]杰华 著　吴小英 译
73. 另类的现代性:改革开放时代中国性别化的渴望　[美]罗丽莎 著　黄新 译
74. 近代中国的知识分子与文明　[日]佐藤慎一 著　刘岳兵 译
75. 繁盛之阴:中国医学史中的性(960—1665)　[美]费侠莉 著　甄橙 主译　吴朝霞 主校
76. 中国大众宗教　[美]韦思谛 编 陈仲丹 译
77. 中国诗画语言研究　[法]程抱一 著　涂卫群 译
78. 中国的思维世界　[日]沟口雄三 小岛毅 著　孙歌 等译

79. 德国与中华民国　[美]柯伟林 著　陈谦平 陈红民 武菁 申晓云 译　钱乘旦 校
80. 中国近代经济史研究:清末海关财政与通商口岸市场圈　[日]滨下武志 著　高淑娟 孙彬 译
81. 回应革命与改革:皖北李村的社会变迁与延续　韩敏 著　陆益龙 徐新玉 译
82. 中国现代文学与电影中的城市:空间、时间与性别构形　[美]张英进 著　秦立彦 译
83. 现代的诱惑:书写半殖民地中国的现代主义(1917—1937)　[美]史书美 著　何恬 译
84. 开放的帝国:1600年前的中国历史　[美]芮乐伟·韩森 著　梁侃 邹劲风 译
85. 改良与革命:辛亥革命在两湖　[美]周锡瑞 著　杨慎之 译
86. 章学诚的生平及其思想　[美]倪德卫 著　杨立华 译
87. 卫生的现代性:中国通商口岸卫生与疾病的含义　[美]罗芙芸 著　向磊 译
88. 道与庶道:宋代以来的道教、民间信仰和神灵模式　[美]韩明士 著　皮庆生 译
89. 间谍王:戴笠与中国特工　[美]魏斐德 著　梁禾 译
90. 中国的女性与性相:1949年以来的性别话语　[英]艾华 著　施施 译
91. 近代中国的犯罪、惩罚与监狱　[荷]冯客 著　徐有威 等译　潘兴明 校
92. 帝国的隐喻:中国民间宗教　[英]王斯福 著　赵旭东 译
93. 王弼《老子注》研究　[德]瓦格纳 著　杨立华 译
94. 寻求正义:1905—1906年的抵制美货运动　[美]王冠华 著　刘甜甜 译
95. 传统中国日常生活中的协商:中古契约研究　[美]韩森 著　鲁西奇 译
96. 从民族国家拯救历史:民族主义话语与中国现代史研究　[美]杜赞奇 著　王宪明 高继美 李海燕 李点 译
97. 欧几里得在中国:汉译《几何原本》的源流与影响　[荷]安国风 著　纪志刚 郑诚 郑方磊 译
98. 十八世纪中国社会　[美]韩书瑞 罗友枝 著　陈仲丹 译
99. 中国与达尔文　[美]浦嘉珉 著　钟永强 译
100. 私人领域的变形:唐宋诗词中的园林与玩好　[美]杨晓山 著　文韬 译
101. 理解农民中国:社会科学哲学的案例研究　[美]李丹 著　张天虹 张洪云 张胜波 译
102. 山东叛乱:1774年的王伦起义　[美]韩书瑞 著　刘平 唐雁超 译
103. 毁灭的种子:战争与革命中的国民党中国(1937—1949)　[美]易劳逸 著　王建朗 王贤知 贾维 译
104. 缠足:"金莲崇拜"盛极而衰的演变　[美]高彦颐 著　苗延威 译
105. 饕餮之欲:当代中国的食与色　[美]冯珠娣 著　郭乙瑶 马磊 江素侠 译
106. 翻译的传说:中国新女性的形成(1898—1918)　胡缨 著　龙瑜宬 彭珊珊 译
107. 中国的经济革命:二十世纪的乡村工业　[日]顾琳 著　王玉茹 张玮 李进霞 译
108. 礼物、关系学与国家:中国人际关系与主体性建构　杨美慧 著　赵旭东 孙珉 译　张跃宏 译校
109. 朱熹的思维世界　[美]田浩 著
110. 皇帝和祖宗:华南的国家与宗族　[英]科大卫 著　卜永坚 译
111. 明清时代东亚海域的文化交流　[日]松浦章 著　郑洁西 等译
112. 中国美学问题　[美]苏源熙 著　卞东波 译　张强强 朱霞欢 校
113. 清代内河水运史研究　[日]松浦章 著　董科 译
114. 大萧条时期的中国:市场、国家与世界经济　[日]城山智子 著　孟凡礼 尚国敏 译　唐磊 校
115. 美国的中国形象(1931—1949)　[美]T.克里斯托弗·杰斯普森 著　姜智芹 译
116. 技术与性别:晚期帝制中国的权力经纬　[英]白馥兰 著　江湄 邓京力 译

117. 中国善书研究　［日］酒井忠夫 著　刘岳兵 何英莺 孙雪梅 译
118. 千年末世之乱：1813 年八卦教起义　［美］韩书瑞 著　陈仲丹 译
119. 西学东渐与中国事情　［日］增田涉 著　由其民 周启乾 译
120. 六朝精神史研究　［日］吉川忠夫 著　王启发 译
121. 矢志不渝：明清时期的贞女现象　［美］卢苇菁 著　秦立彦 译
122. 明代乡村纠纷与秩序：以徽州文书为中心　［日］中岛乐章 著　郭万平 高飞 译
123. 中华帝国晚期的欲望与小说叙述　［美］黄卫总 著　张蕴爽 译
124. 虎、米、丝、泥：帝制晚期华南的环境与经济　［美］马立博 著　王玉茹 关永强 译
125. 一江黑水：中国未来的环境挑战　［美］易明 著　姜智芹 译
126. 《诗经》原意研究　［日］家井真 著　陆越 译
127. 施剑翘复仇案：民国时期公众同情的兴起与影响　［美］林郁沁 著　陈湘静 译
128. 华北的暴力和恐慌：义和团运动前夕基督教传播和社会冲突　［德］狄德满 著　崔华杰 译
129. 铁泪图：19 世纪中国对于饥馑的文化反应　［美］艾志端 著　曹曦 译
130. 饶家驹安全区：战时上海的难民　［美］阮玛霞 著　白华山 译
131. 危险的边疆：游牧帝国与中国　［美］巴菲尔德 著　袁剑 译
132. 工程国家：民国时期(1927—1937)的淮河治理及国家建设　［美］戴维·艾伦·佩兹 著　姜智芹 译
133. 历史宝筏：过去、西方与中国妇女问题　［美］季家珍 著　杨可 译
134. 姐妹们与陌生人：上海棉纱厂女工,1919—1949　［美］韩起澜 著　韩慈 译
135. 银线：19 世纪的世界与中国　林满红 著　詹庆华 林满红 译
136. 寻求中国民主　［澳］冯兆基 著　刘悦斌 徐硙 译
137. 墨梅　［美］毕嘉珍 著　陆敏珍 译
138. 清代上海沙船航运业史研究　［日］松浦章 著　杨蕾 王亦铮 董科 译
139. 男性特质论：中国的社会与性别　［澳］雷金庆 著　［澳］刘婷 译
140. 重读中国女性生命故事　游鉴明 胡缨 季家珍 主编
141. 跨太平洋位移：20 世纪美国文学中的民族志、翻译和文本间旅行　黄运特 著　陈倩 译
142. 认知诸形式：反思人类精神的统一性与多样性　［英］G.E.R.劳埃德 著　池志培 译
143. 中国乡村的基督教：1860—1900 江西省的冲突与适应　［美］史维东 著　吴薇 译
144. 假想的"满大人"：同情、现代性与中国疼痛　［美］韩瑞 著　袁剑 译
145. 中国的捐纳制度与社会　伍跃 著
146. 文书行政的汉帝国　［日］富谷至 著　刘恒武 孔李波 译
147. 城市里的陌生人：中国流动人口的空间、权力与社会网络的重构　［美］张骊 著　袁长庚 译
148. 性别、政治与民主：近代中国的妇女参政　［澳］李木兰 著　方小平 译
149. 近代日本的中国认识　［日］野村浩一 著　张学锋 译
150. 狮龙共舞：一个英国人笔下的威海卫与中国传统文化　［英］庄士敦 著　刘本森 译　威海市博物馆 郭大松 校
151. 人物、角色与心灵：《牡丹亭》与《桃花扇》中的身份认同　［美］吕立亭 著　白华山 译
152. 中国社会中的宗教与仪式　［美］武雅士 著　彭泽安 邵铁峰 译　郭潇威 校
153. 自贡商人：近代早期中国的企业家　［美］曾小萍 著　董建中 译
154. 大象的退却：一部中国环境史　［英］伊懋可 著　梅雪芹 毛利霞 王玉山 译
155. 明代江南土地制度研究　［日］森正夫 著　伍跃 张学锋 等译　范金民 夏维中 审校
156. 儒学与女性　［美］罗莎莉 著　丁佳伟 曹秀娟 译

157. 行善的艺术:晚明中国的慈善事业　[美]韩德林 著　吴士勇 王桐 史枟豪 译
158. 近代中国的渔业战争和环境变化　[美]穆盛博 著　胡文亮 译
159. 权力关系:宋代中国的家族、地位与国家　[美]柏文莉 著　刘云军 译
160. 权力源自地位:北京大学、知识分子与中国政治文化,1898—1929　[美]魏定熙 著　张蒙 译
161. 工开万物:17世纪中国的知识与技术　[德]薛凤 著　吴秀杰 白岚玲 译
162. 忠贞不贰:辽代的越境之举　[英]史怀梅 著　曹流 译
163. 内藤湖南:政治与汉学(1866—1934)　[美]傅佛果 著　陶德民 何英莺 译
164. 他者中的华人:中国近现代移民史　[美]孔飞力 著　李明欢 译　黄鸣奋 校
165. 古代中国的动物与灵异　[英]胡司德 著　蓝旭 译
166. 两访中国茶乡　[英]罗伯特·福琼 著　敖雪岗 译
167. 缔造选本:《花间集》的文化语境与诗学实践　[美]田安 著　马强才 译
168. 扬州评话探讨　[丹麦]易德波 著　米锋 易德波 译　李今芸 校译
169. 《左传》的书写与解读　李惠仪 著　文韬 许明德 译
170. 以竹为生:一个四川手工造纸村的20世纪社会史　[德]艾约博 著　韩巍 译　吴秀杰 校
171. 东方之旅:1579—1724耶稣会传教团在中国　[美]柏理安 著　毛瑞方 译
172. "地域社会"视野下的明清史研究:以江南和福建为中心　[日]森正夫 著　于志嘉 马一虹 黄东兰 阿风 等译
173. 技术、性别、历史:重新审视帝制中国的大转型　[英]白馥兰 著　吴秀杰 白岚玲 译
174. 中国小说戏曲史　[日]狩野直喜 著　张真 译
175. 历史上的黑暗一页:英国外交文件与英美海军档案中的南京大屠杀　[美]陆束屏 编著/翻译
176. 罗马与中国:比较视野下的古代世界帝国　[奥]沃尔特·施德尔 主编　李平 译
177. 矛与盾的共存:明清时期江西社会研究　[韩]吴金成 著　崔荣根 译　薛戈 校译
178. 唯一的希望:在中国独生子女政策下成年　[美]冯文 著　常姝 译
179. 国之枭雄:曹操传　[澳]张磊夫 著　方笑天 译
180. 汉帝国的日常生活　[英]鲁惟一 著　刘洁 余霄 译
181. 大分流之外:中国和欧洲经济变迁的政治　[美]王国斌 罗森塔尔 著　周琳 译　王国斌 张萌 审校
182. 中正之笔:颜真卿书法与宋代文人政治　[美]倪雅梅 著　杨简茹 译　祝帅 校译
183. 江南三角洲市镇研究　[日]森正夫 编　丁韵 胡婧 等译　范金民 审校
184. 忍辱负重的使命:美国外交官记载的南京大屠杀与劫后的社会状况　[美]陆束屏 编著/翻译
185. 修仙:古代中国的修行与社会记忆　[美]康儒博 著　顾漩 译
186. 烧钱:中国人生活世界中的物质精神　[美]柏桦 著　袁剑 刘玺鸿 译
187. 话语的长城:文化中国历险记　[美]苏源熙 著　盛珂 译
188. 诸葛武侯　[日]内藤湖南 著　张真 译
189. 盟友背信:一战中的中国　[英]吴芳思 克里斯托弗·阿南德尔 著　张宇扬 译
190. 亚里士多德在中国:语言、范畴和翻译　[英]罗伯特·沃迪 著　韩小强 译
191. 马背上的朝廷:巡幸与清朝统治的建构,1680—1785　[美]张勉治 著　董建中 译
192. 申不害:公元前四世纪中国的政治哲学家　[美]顾立雅 著　马腾 译
193. 晋武帝司马炎　[日]福原启郎 著　陆帅 译
194. 唐人如何吟诗:带你走进汉语音韵学　[日]大岛正二 著　柳悦 译

195. 古代中国的宇宙论　［日］浅野裕一 著　吴昊阳 译
196. 中国思想的道家之论:一种哲学解释　［美］陈汉生 著　周景松 谢尔逊 等译　张丰乾 校译
197. 诗歌之力:袁枚女弟子屈秉筠(1767—1810)　［加］孟留喜 著　吴夏平 译
198. 中国逻辑的发现　［德］顾有信 著　陈志伟 译
199. 高丽时代宋商往来研究　［韩］李镇汉 著　李廷青 戴琳剑 译　楼正豪 校
200. 中国近世财政史研究　［日］岩井茂树 著　付勇 译　范金民 审校
201. 北京的人力车夫:1920年代的市民与政治　［美］史谦德 著　周书垚 袁剑 译　周育民 校
202. 魏晋政治社会史研究　［日］福原启郎 著　陆帅 刘萃峰 张紫毫 译
203. 宋帝国的危机与维系:信息、领土与人际网络　［比利时］魏希德 著　刘云军 译
204. 行善的艺术:晚明中国的慈善事业(新译本)　［美］韩德玲 著　曹晔 译